TYPO EST DIRIGÉE PAR
PIERRE GRAVELINE

AVEC LA COLLABORATION DE
SIMONE SAUREN
ET JEAN-YVES SOUCY

TYPO bénéficie du soutien de la Société de développement des entreprises culturelles du Québec (SODEC) pour son programme d'édition.

Nous reconnaissons l'aide financière du gouvernement du Canada par l'entremise du programme d'aide au développement de l'industrie de l'édition (PADIÉ) pour nos activités d'édition.

Nous remercions le Conseil des Arts du Canada de l'aide accordée à notre programme de publication.

DES SAUVAGES

SAMUEL DE CHAMPLAIN

Des Sauvages

Texte établi, présenté et annoté
par Alain Beaulieu et Réal Ouellet

TYPO

Éditions TYPO
Une division du groupe Ville-Marie Littérature
1010, rue de La Gauchetière Est
Montréal, Québec H2L 2N5
Tél. : (514) 523-1182
Téléc. : (514) 282-7530
Courriel : vml@sogides.com

Illustration de la couverture : Détail. Montagnais représenté dans la carte accompagnant les *Voyages* de Champlain en 1613 (Université Laval : bibliothèque et ressources pédagogiques).

DISTRIBUTEURS EXCLUSIFS :

• Pour le Québec, le Canada et les États-Unis :
LES MESSAGERIES ADP*
955, rue Amherst
Montréal, Québec
H2L 3K4
Tél. : (514) 523-1182
Téléc. : (514) 939-0406
*Filiale de Sogides ltée

• Pour la Suisse :
TRANSAT S.A.
4 Ter, route des Jeunes
C.P. 1210
1211 Genève 26
Tél. : (41-22) 342-77-40
Téléc. : (41-22) 343-46-46

• Pour la France :
Librairie du Québec – D.E.Q.
30, rue Gay-Lussac, 75005 Paris
Tél. : 01 43 54 49 02
Téléc. : 01 43 54 39 15
Courriel : liquebec@cybercable.fr

Dépôt légal : 1er trimestre 1993
Bibliothèque nationale du Québec
Bibliothèque nationale du Canada

Texte établi, présenté et annoté par Alain Beaulieu et Réal Ouellet

ISBN 2-89295-082-1

AVANT-PROPOS

À l'été 1988, une manchette du quotidien *Le Soleil* est reprise par plusieurs journaux québécois et canadiens, et vient alimenter les pages des lecteurs et émouvoir un large secteur du ministère des Affaires culturelles du Québec: un archéologue franc-tireur était à nouveau sur la piste du tombeau de Champlain, le « Père » et « Fondateur » de Québec. En mettant l'accent sur les restes du père-fondateur, cette manifestation médiatique loufoque représentait le dernier épisode d'une longue quête en paternité[1]. Mais, en cherchant le père, on oubliait son œuvre écrite d'un millier de pages qui dort aujourd'hui dans la poussière des bibliothèques, puisque aucune édition récente et maniable ne l'a rendue accessible au lecteur d'aujourd'hui. Et pourtant, les *Œuvres* de Champlain constituent le premier témoignage sur la reprise de la colonisation française en Amérique, au début du XVIIe siècle. Elles en sont même la source documentaire la plus importante.

Nous avons donc voulu, par-delà le mythe de la paternité fondatrice, donner à lire un texte, le premier qu'ait écrit Champlain sur son expérience canadienne[2].

NOTES

1. Voir, là-dessus, Fr. Drouin et J.-M. Lebel, « Le roman-feuilleton du tombeau de Champlain », *Cap-aux-Diamants*, vol. IV, nº 3, automne 1988, p. 45-48 ; voir aussi René Lévesque, *Le tombeau de Champlain. Journal d'un archéologue*, Québec, Les entreprises VWL, 1992.

2. Nous remercions vivement les personnes qui nous ont aidés à préparer cette édition : Micheline Lapierre, qui a dactylographié le texte de Champlain ; Edward H. Dahl, qui nous a communiqué des renseignements sur la cartographie ; Denys Delâge et Jacques Mathieu, dont nous avons utilisé les suggestions pour l'histoire de la Nouvelle-France ; Marie Parent, qui a relu les épreuves ; Laurier Turgeon, qui a précisé notre développement sur les pêches dans le golfe Saint-Laurent.

ABRÉVIATIONS

Académie	*Dictionnaire de l'Académie française*, 1re éd., Paris, Jean-Baptiste Coignard, 1694.
Biggar	*The Works of Samuel de Champlain*, Toronto, The Champlain Society, 6 vol., 1922-1936. Réimpression en fac-similé : Toronto et Buffalo, University of Toronto Press, 1971.
DBC	*Dictionnaire biographique du Canada*, t. I : *De l'an 1000 à 1700,* Québec, Presses de l'Université Laval, 1966, XXV, 774 p.
Furetière	*Dictionnaire universel contenant généralement tous les mots français tant vieux que modernes*, La Haye et Rotterdam, Arnout et Reinier Leers, 1690, 3 vol.
HNAI	*Handbook of North American Indians*, vol. 15, Bruce G. Trigger (dir.), *Northeast*, Washington, Smithsonian Institute, 1978.
HNF	Marcel Trudel, *Histoire de la Nouvelle-France. I : Les vaines tentatives 1524-1603*, Montréal, Fides, 1963.
JR	Reuben G. Thwaites (dir.), *The Jesuit Relations and Allied Documents. Travels and Explorations of the Jesuit Missionaries in New France, 1610-1791*, Cleveland, Burrows, 1896-1901, 73 vol.

RAQ	*Recherches amérindiennes au Québec.*
RHAF	*Revue d'histoire de l'Amérique française.*
Richelet	*Dictionnaire français*, Genève, J.-H. Widerhold, 1680, 2 vol.

Portrait de Champlain. Sanguine anonyme de provenance inconnue (Archives nationales du Québec). [On ne possède aucun portrait authentique de Champlain.]

INTRODUCTION

Les Français et l'Amérique du Nord avant Champlain

En 1603, lorsque Champlain publie *Des Sauvages*, la France est encore à chercher un endroit où poser le pied en territoire américain. Les explorations de Verrazano et de Cartier ont permis de mieux connaître le littoral atlantique et les rives du Saint-Laurent, mais non d'y établir une colonie. Quelques efforts ont pourtant été faits en ce sens. En 1541, François Ier avait chargé Roberval de fonder une « France nouvelle » dans la vallée du Saint-Laurent. Il lui avait accordé des moyens imposants — plusieurs navires et quelques centaines d'hommes — et un lieutenant expérimenté, Cartier, mais la rigueur de l'hiver et l'hostilité des autochtones eurent tôt fait de décimer les rangs des apprentis colons et de saper le moral des survivants. À l'été 1543, Roberval et ses hommes rentraient en France, précédés d'une année par Cartier, qui avait déserté, croyant que ses cales regorgeaient d'or et de diamants, alors qu'elles ne contenaient que du quartz et de la pyrite de fer.

En passant à l'histoire, les « diamants du Canada » relèguent la vallée du Saint-Laurent à l'arrière-plan dans les préoccupations coloniales françaises. Pendant quelques années, les regards se porteront vers le sud, où le climat apparaît plus clément et où subsiste encore l'espoir de trouver des richesses fabuleuses. Mais les démarches colonisatrices, au Brésil d'abord (1555), puis en Floride (1562), connaissent un sort encore plus malheureux que l'entreprise canadienne. En 1560, les Portugais rasent la colonie brésilienne et, cinq ans plus tard, les Espagnols réservent le même sort à celle de la Floride, où ils massacrent quelques centaines de Français. Pour la France, le message est clair: toutes ses tentatives pour s'établir aux marges de l'empire espagnol et portugais devront affronter de vives résistances. Au reste, après la déroute brésilienne et floridienne, l'heure n'est plus en France aux entreprises colonisatrices: toute l'attention se porte vers l'intérieur du royaume où les tensions s'avivent entre catholiques et protestants. Avec le massacre de la Saint-Barthélemy, en 1572, la France entre dans la période agitée des guerres de religion, qui prendront fin en 1598, avec l'édit de Nantes rendu par Henri IV.

Le désintérêt de la cour pour les entreprises colonisatrices ne signifie pas que le Canada soit tombé dans l'oubli. Derrière les entreprises officielles d'exploration et de colonisation se profile un mouvement plus obscur, moins spectaculaire, mais tout aussi marquant pour la présence française en Amérique du Nord: les pêches terreneuviennes[1]. Les pêcheurs français n'avaient pas attendu que les «grands» du royaume s'intéressent à la colonisation pour aller aux «terres neuves». Ils fréquentaient les côtes septentrionales de l'Amérique bien avant le premier voyage de Cartier, en 1534, et le départ précipité de Roberval, en 1543, ne marque pas une rupture dans leurs activités. S'ils reviennent chaque année près des côtes et au large de Terre-Neuve, c'est qu'ils y trouvent en abondance la morue, dont le marché est en pleine expansion au XVIe siècle.

L'accroissement rapide des villes à la fin du Moyen Âge et l'institution par l'Église catholique de 150 jours maigres par année assurent un débouché relativement stable pour cette production.

La présence des pêcheurs français dans les eaux nord-américaines remonte au début du XVIe siècle. Les Bretons sont parmi les premiers à fréquenter les parages de Terre-Neuve : au témoignage du pilote dieppois Pierre Crignon, ils y sont dès 1504, et les premières mentions de pêche à Terre-Neuve dans les archives du parlement de Rouen, en 1508 et 1510, signalent des navires bretons. Ils ne sont pas les seuls, puisqu'au XVIe siècle une cinquantaine de ports de la côte atlantique française y participent aussi. Les Normands et les Basques sont particulièrement actifs. En 1517, une cinquantaine de morutiers, anglais, français, portugais et espagnols, fréquentent déjà les eaux terreneuviennes. Le mouvement prend encore de l'ampleur dans les années 1520-1530, avant de connaître une forte accélération dans la seconde moitié du siècle. En 1541, au dire d'un espion au service de l'Espagne, le port de Saint-Malo arme 24 navires pour la pêche de Terre-Neuve. À Bordeaux, on peut suivre la progression constante des armements : on y dénombre 22 navires pour les pêches terreneuviennes en 1546, 38 en 1565 et 47 en 1585. À Rouen, au moins 73 navires prennent la même direction en 1549 et 94 en 1555, tandis qu'à La Rochelle on en retrouve 49 en 1559 et 42 en 1565.

Tirées des archives notariales, ces données ne fournissent qu'une indication partielle de l'ampleur du mouvement, car l'enregistrement des armements devant notaire n'était pas systématique. L'absence de relevés détaillés pour l'ensemble des ports impliqués dans cette activité interdit toute évaluation précise, mais, au dire de l'écrivain anglais Robert Hitchcock, la flotte française engagée dans les pêches terreneuviennes compterait, vers 1580, quelque 500 navires. Si les morutiers dominent largement, on y retrouve aussi plusieurs baleiniers car, à partir des années 1540, la zone d'exploitation s'élargit pour inclure le détroit de Belle-Isle où les Basques se livrent à la pêche à la baleine sur une grande échelle.

À la pêche se greffe progressivement une autre activité commerciale, la traite des fourrures, appelée à jouer un rôle crucial dans le développement de la Nouvelle-France. On connaît encore très mal les premières manifestations de cette activité en Amérique du Nord, mais on en associe habituellement les origines aux pêches à la « morue sèche » et à la baleine, qui exigeaient l'installation de camps le long des côtes pour le séchage du poisson ou la fonte des huiles. Dans la seconde moitié du XVIe siècle, surtout à partir de 1580, ce lien entre pêche et traite est indéniable, comme le montrent de nombreux actes notariés qui mentionnent des marchandises pour le « trafic avec les Sauvages » dans l'armement des morutiers et des baleiniers. Les documents de la première moitié du siècle ne parlent toutefois jamais de la traite, mais il n'est pas impossible que les pêcheurs, confinés pendant plusieurs semaines sur la côte, soient entrés en contact avec les autochtones pour leur échanger quelques objets contre des fourrures.

Trop d'éléments manquent encore pour établir un scénario précis des premiers échanges commerciaux entre Européens et Amérindiens. La chronologie du commerce des fourrures pose elle-même quelques problèmes. Quand ce commerce commence-t-il vraiment ? Dans la première, la seconde moitié, ou dans le dernier quart du XVIe siècle ? Depuis le Moyen Âge, les fourrures représentaient un article de luxe prisé par les classes dirigeantes européennes, et quelques allusions dans les documents témoignent d'un intérêt précoce pour les fourrures nord-américaines. Certaines sont sujettes à caution, comme cette mention tardive des trois frères Parmentier, qui, en 1520, auraient chargé «leurs vaisseaux de riches marchandises» dans la région du Cap-Breton. D'autres, plus certaines, attestent de l'origine très précoce des échanges, mais restent tout aussi imprécises sur la nature des objets échangés. On pense ici à la scène décrite par Verrazano, en 1524, alors qu'il remonte la côte de la Nouvelle-Angleterre. L'attitude expérimentée des autochtones, qui sélectionnent minutieusement les objets qu'ils acceptent en échange de leurs produits, évoque immanquablement l'existence de contacts commerciaux antérieurs, même si l'on peut croire qu'ils furent épisodiques :

> Si parfois nous voulions troquer quelque chose avec ces gens, ils venaient au rivage sur quelques cailloux, où la mer brisait avec plus de violence, et, tandis que nous nous tenions debout dans la barque, ils nous envoyaient au moyen d'une corde ce qu'ils acceptaient de nous donner, tout en criant sans cesse que nous ne nous approchions pas de la terre ; nous leur donnions immédiatement des objets en échange, mais ils n'acceptaient que des couteaux, des hameçons et des lames de métal[2].

Rien ne permet d'affirmer avec certitude que des fourrures faisaient partie des objets échangés, mais le récit d'un voyage effectué la même année par le Portugais Estéban Gómez porte à le croire. Après avoir longé la côte atlantique, de la Floride au cap Race, il ramène quelques esclaves indiens et une cargaison de fourrures. Dans la région qu'il a visitée, précise-t-il à ses interlocuteurs, on trouve des peaux de zibeline d'excellente qualité et d'autres riches fourrures en abondance[3]. Dix ans plus tard, les Amérindiens rencontrés par Cartier, dans la baie des Chaleurs, s'empressent d'établir le contact avec les Français, et leur manière de les attirer, en montrant des fourrures au bout d'un bâton, incite à penser qu'ils avaient une certaine habitude du négoce avec les Européens. Certes, le jugement de Cartier sur le «peu de valeur» des fourrures qu'on lui avait présentées (*Relations*, p. 111) trahit un certain désintérêt pour un article qui deviendra le moteur de la colonisation nord-américaine; mais cette indifférence doit être replacée dans son contexte. Cartier cherche de l'or et d'autres richesses fabuleuses: jugées sur un barème si élevé, les fourrures ne font évidemment pas le poids.

Une fois débarquées en France, ces «peaux de peu de valeur» suscitèrent apparemment beaucoup d'intérêt; suffisamment en tout cas pour retenir l'attention de François Ier. Le pilote et espion portugais Lagarto, qui avait discuté à quelques reprises avec le roi, y fait allusion dans une lettre à son souverain, Jean III: il affirme qu'en Amérique, où François Ier destine une troisième expédition, on trouve des animaux dont la fourrure vaut 10 cruzados (M. Trudel, *HNF*, p. 123). Un acte notarié du 19 juin 1541, entre Roberval et deux marchands, Simon Harel et Jehan Mallet, confirme l'intérêt pour les fourrures du Canada. Le contrat stipule qu'«après le congé donné auxdits maîtres et mariniers par le seigneur de Roberval à la côte des Terres-Neuves, qu'ils auront le tiers de tout ce qu'ils pourront conquêter par trafic de marchandises avec les Sauvages de ladite terre» (cité par Bideaux dans Cartier, *Relations*, p. 322, n. 236).

Si elles témoignent très tôt d'un intérêt commercial pour les pelleteries canadiennes, ces quelques allusions ne suffisent toutefois pas pour conclure à l'existence d'un commerce des fourrures sur une grande échelle. Pas plus, d'ailleurs, que la présence de quelques objets européens sur les sites autochtones antérieurs à 1580. Dans la question des origines du commerce des fourrures nord-américain, il faut sans doute distinguer entre les échanges occasionnels et irréguliers, fruit de rencontres fortuites, et ceux qui s'insèrent dans un réseau commercial stable, impliquant la venue régulière et planifiée des mêmes intervenants. Dans la première moitié du XVIe siècle, la traite, encore embryonnaire, reste une activité occasionnelle. On pense généralement que l'impulsion nécessaire au développement de ce commerce vient d'une nouvelle mode, celle du chapeau de castor, qui se développe en Europe après 1550. Cette hypothèse est vraisemblable, mais trop d'éléments manquent encore pour l'accréditer complètement. Certes, sans cette mode, le commerce des fourrures n'aurait pas pu prendre l'ampleur qu'il connaîtra au XVIIe siècle, mais est-elle vraiment à l'origine des tout premiers développements de la traite ? Ne serait-ce pas plutôt l'arrivée des premières fourrures canadiennes sur le marché français qui vient réactiver une mode, déjà présente au Moyen Âge, mais tombée dans l'oubli à cause de la rareté du castor ? Seule une analyse plus approfondie du marché européen de la fourrure de castor au XVIe siècle pourrait apporter une réponse.

Quoi qu'il en soit, à la fin des années 1550 et au début de la décennie suivante, les archives notariales de Rouen montrent que des marchands normands arment quelques navires pour la traite et la pêche vers l'île du Cap-Breton et la « côte de Floride », cette dernière expression désignant vraisemblablement la portion de la côte atlantique sise entre la Nouvelle-Écosse et Cape Cod. À partir des années 1580, la traite des fourrures apparaît régulièrement dans les actes notariés se rapportant aux armements pour les pêches terreneuviennes; on assiste même à l'armement des premiers navires destinés spécifiquement à la traite. Le cas d'Étienne Bellenger, marchand de Rouen, est l'un des mieux connus. En 1583, il se rend jusqu'au Cap-Breton et descend la côte atlantique sur environ 200 lieues. Il traite à une dizaine d'endroits et les fourrures qu'il rapporte produisent un bénéfice considérable. Le commerce des fourrures acquiert ainsi une plus grande autonomie, quoiqu'il reste encore longtemps associé à la pêche.

En 1600, des marchands de Saint-Malo affirmeront avoir fréquenté la vallée du Saint-Laurent après les voyages de Cartier et de Roberval, y continuant «cette navigation et négoce avec les Sauvages». Cette prétention, qui s'inscrit dans le cadre d'une contestation de monopole, ne semble guère fondée. La documentation disponible indique plutôt que les navires européens ne remontèrent à nouveau le fleuve qu'à la fin des années 1570 ou au début des années 1580. C'est d'ailleurs l'époque que retiennent les marchands de Saint-Malo, dans leur *Factum* de 1613: «après lui [Cartier] plusieurs Normands, Biscains, Bretons, et entre autres les sieurs du Pontgravé et Prévert, dudit Saint-Malo, Fabien de Mescoroua [marchand basque] lesquels, trente-cinq ans ou environ, ont trafiqué dans ledit lac [Saint-Pierre] et au-dessus avec lesdits Sauvages» (cité dans Le Blant et Baudry, *Nouveaux documents sur Champlain*, p. 246).

Les Basques ont joué un rôle important, quoique longtemps méconnu et négligé, dans les débuts du commerce des fourrures dans la vallée du Saint-Laurent. Ils furent parmi les premiers à établir des relations commerciales avec les autochtones de la Côte-Nord et du Labrador. Dès 1542, une série de dépositions faites à Fuentarrabia mentionnent très clairement des activités de troc avec ceux du détroit de Belle-Isle. Pour les années 1550, les archives de Bordeaux précisent que d'autres marchandises que le poisson, vraisemblablement des fourrures, sont importées du Canada par les Basques. Vers 1570, la diminution du nombre de baleines dans le détroit de Belle-Isle les incite à étendre leur zone de pêche vers l'ouest, dans l'estuaire du Saint-Laurent. Présents à plusieurs endroits sur la Côte-Nord, ils semblent toutefois avoir concentré leurs activités dans les environs de Tadoussac, où ils pouvaient aisément combiner la pêche à la baleine et au saumon avec la traite des fourrures. Certains sont sans aucun doute remontés plus haut, dans la région de l'île d'Orléans, comme le rapporte Thevet, ou même jusqu'au lac Saint-Pierre selon le *Factum* de 1613.

La destruction des archives notariales de Saint-Malo complique l'évaluation du rôle des Bretons dans les débuts de la traite des fourrures, mais certains documents suggèrent une participation active. En 1585, Hakluyt précise par exemple que les Malouins ont envoyé cinq navires vers la vallée du Saint-Laurent pour la traite. Les résultats furent si encourageants qu'ils prévoyaient doubler ce nombre l'année suivante. On ignore si cette flotte rejoignit effectivement le Saint-Laurent, mais en 1587 la présence d'au moins quatre navires y est attestée. Le rôle des Normands dans cette région semble négligeable. Le *Factum* de 1613 signale leur présence dans la vallée du Saint-Laurent vers 1580, mais les archives notariales indiquent plutôt qu'ils privilégiaient la côte atlantique[4].

La concurrence entre ces marchands était parfois très vive. En 1587, par exemple, des rivaux brûlent et saisissent trois navires appartenant au Malouin Jacques Noël. Dans le dernier quart du XVIe siècle, ces rivalités commerciales attirent quelques aspirants colonisateurs vers l'antichambre du pouvoir, où ils demandent qu'on leur accorde des privilèges commerciaux, promettant en échange de peupler le Nouveau Monde. Les démarches de Mesgouez de La Roche, en 1577, s'inscrivent peut-être déjà dans ce mouvement. Gentilhomme breton, protégé de Catherine de Médicis, le marquis de La Roche était aussi gouverneur de Morlaix, un port de la côte de Bretagne. La commission du 3 janvier 1578 le nomme vice-roi des « Terres Neuves » et lui confie la mission de fonder une colonie en terre d'Amérique. Dans l'immédiat, cet acte officiel ne débouche toutefois sur aucune action colonisatrice tangible. Poursuivi par la malchance, La Roche ne peut donner suite à ses projets. Peut-être fait-il partir, en 1578, deux navires, qui auraient été saisis par les Anglais, mais le fait n'est pas assuré. En 1584, il regroupe 300 colons pour fonder un établissement en Amérique, mais l'entreprise connaît une fin abrupte lorsque son principal navire échoue près de Brouage.

La demande de monopole commercial de Jacques Noël est la première que l'on peut associer avec certitude au développement de la traite. Neveu de Cartier, il affirme avoir fait dans les années 1580 quelques voyages dans la vallée du Saint-Laurent, dont un qui le conduit, en 1585, jusqu'à Montréal. Il aurait visité la région de Québec, les ruines des deux forts construits en 1535 et 1540 par Cartier et Roberval et gravi le mont Royal d'où il aurait aperçu « la rivière au-delà desdits sauts » (voir Appendice III, p. 204). Associé à un autre marchand, Étienne Chaton, sieur de La Jannaye, il demande en 1587 un monopole commercial sur les mines et le commerce des fourrures du Canada, proposant de bâtir sur les rives du Saint-Laurent « quelques forteresses pour l'assurance et retraite de leurs personnes et vaisseaux ». Le 12 janvier 1588, Henri III consent à leur requête, mais dès le 9 juillet, cédant aux pressions des marchands de Saint-Malo et des États de Bretagne, il revient sur sa décision. Le projet ne se réalise donc pas et la traite reste libre.

En 1598, Henri IV renouvelle le privilège accordé en 1578 à La Roche, qui en profite pour établir une colonie éphémère sur l'île de Sable, au large de la Nouvelle-Écosse. Dans la vallée du Saint-Laurent, un marchand protestant de Normandie, Pierre de Chauvin, occupe le devant de la scène quelques années. Le 22 novembre 1599, il obtient le monopole exclusif de la traite « au pays de Canada, côte de l'Acadie et autres de la Nouvelle-France », s'engageant à « habiter le pays et [à] bâtir forteresse ». Le 15 janvier 1600, suite aux protestations de La Roche, qui voyait les termes de sa commission considérablement réduits, Henri IV modifie les conditions du monopole : le territoire réservé à Chauvin est ramené à cent lieues le long du Saint-Laurent. L'été suivant, ce dernier se rend jusqu'à Tadoussac et y construit un poste de traite. Des seize hommes laissés sur place pour l'hiver, cinq seulement survivront, secourus par les Montagnais. En 1601, Chauvin envoie un autre bateau, mais ne retourne lui-même dans la vallée du Saint-Laurent qu'en 1602, avec deux navires. Cette même année, les protestations des autres marchands portent fruit : Chauvin doit accepter que des armateurs de Rouen se joignent à son monopole. Après sa mort, en février 1603, il est remplacé par Aymar de Chaste, qui, au printemps, envoie trois navires vers la Nouvelle-France, dont la *Bonne-Renommée*, sur laquelle Champlain a pris place.

Quand celui-ci remonte le Saint-Laurent, en 1603, le petit poste de traite de Tadoussac, abandonné la plus grande partie de l'année, constitue toute l'infrastructure coloniale française en Amérique du Nord. S'il convient pour la traite, il ne peut servir de base pour une future colonie : il est situé dans un pays de « montagnes hautes élevées, où il y a peu de terre, sinon rochers et sables», et le climat ne se prête guère à l'agriculture. Malgré cette faiblesse de l'infrastructure coloniale, une tradition de voyages commerciaux dans la vallée du Saint-Laurent semble relativement bien établie. Montréal n'est sans doute pas la destination la plus courante, mais le témoignage de Jacques Noël confirme que quelques-uns s'y étaient rendus après Cartier et Roberval. Certains Français avaient peut-être même déjà poussé plus loin et atteint les Grands Lacs. Si les marchands de Saint-Malo ont effectivement laissé quelques Français parmi les autochtones, comme ils l'affirment en 1600, il est vraisemblable qu'ils ont suivi leurs hôtes dans leurs pérégrinations. En 1584, par exemple, un certain M. de Leau, de Morlaix, informe Hakluyt qu'un Malouin a fait la découverte l'année précédente «*[of] the sea on the backside of Hochelaga*» (cité par Bideaux dans Cartier, *Relations*, p. 322, n. 39).

Un territoire déjà occupé

Durant leurs séjours dans la vallée du Saint-Laurent, entre 1535 et 1543, les Français avaient rencontré, sur les sites actuels de Québec (Stadaconé) et Montréal (Hochelaga), des populations d'agriculteurs qui vivaient dans des villages entourés de palissades. On sait aujourd'hui que ces populations appartenaient à la grande famille linguistique et culturelle iroquoienne, mais qu'elles ne formaient sans doute pas une seule nation. Comme le montrent les textes de Cartier, les relations étaient tendues entre Stadaconiens et Hochelaguiens. Au début du XVIIe siècle, les Iroquoiens ont complètement disparu de la vallée du Saint-Laurent. À leur place, Champlain trouve les Montagnais et les Algonquins, peuples de la famille algonquienne. Que s'est-il passé entre le départ de Roberval et la venue de Champlain en 1603 ? La carence des sources documentaires ouvre la porte à bien des spéculations, mais aucune des théories élaborées depuis le XIXe siècle n'a su rallier la majorité des chercheurs. Où sont passés les habitants de Stadaconé et d'Hochelaga ? Quels facteurs les ont incités à quitter la vallée du Saint-Laurent ? On ne le saura sans doute jamais avec précision. Il est possible, comme le suggèrent quelques allusions dans les documents du XVIIe siècle, que plusieurs d'entre eux aient trouvé refuge ou aient été intégrés de force parmi les Hurons et les Iroquois, ou même parmi certains groupes algonquins de la vallée de l'Outaouais. Les recherches archéologiques récentes, dont ont fait état J. F. Pendergast et B. G. Trigger, tendent à montrer que, contrairement à ce que l'on a longtemps cru, ils n'ont pas pu donner naissance à l'une ou l'autre des nations huronnes ou iroquoises.

À la différence des Amérindiens rencontrés par Cartier, les Montagnais et les Algonquins avec qui Champlain entre en contact sont nomades, et leur alimentation repose sur les produits de la chasse, de la cueillette et de la pêche. Pendant l'été, ils se rassemblent sur les rives des principaux cours d'eau : les richesses du milieu côtier leur permettent alors de se concentrer en villages plus importants. À l'automne, ils retournent à l'intérieur des terres et se divisent en bandes plus réduites. Leur subsistance repose alors surtout sur la chasse au gros gibier. Aux yeux des Français, ce mode de vie apparaît bien précaire, mais les Montagnais et les Algonquins y sont profondément attachés et le nomadisme est bien ancré dans leur structure sociale et culturelle. Comme le remarque le Montagnais Pierre Pastedechouan en 1634, la sédentarité est associée à la pourriture : « Quand je veux demeurer avec vous [les jésuites], mes frères me disent que je pourrirai demeurant toujours en un endroit; cela est cause que je quitte tout pour les suivre» (*Relation* de 1634, *JR*, vol. VII, p. 88-90).

Le Saint-Maurice sépare les territoires des Montagnais et des Algonquins: les premiers habitent à l'est, jusqu'aux environs de Sept-Îles, les Algonquins à l'ouest, dans le haut Saint-Laurent et la vallée de l'Outaouais. Durant la première moitié du XVIIe siècle, trois bandes montagnaises entretiennent des contacts plus réguliers avec les Français: celles de Tadoussac, de Québec et de Trois-Rivières. Quelques bandes algonquines apparaissent plus souvent dans les documents: les Kichesipirinis ou Algonquins de l'Île, qui établissent leur camp principal sur l'île Morrison, les Weskarinis ou Algonquins de la Petite Nation, qui vivent dans les environs des rivières Rouge, Petite Nation et Lièvre, et les Onontchataronons ou peuple d'Iroquets, qui occupent, semble-t-il, la vallée de la rivière Nation du Sud.

La croissance du commerce des fourrures à la fin du XVIe siècle a favorisé le développement de relations plus stables entre les Français et ces Amérindiens, au point que, vers 1 580, certains autochtones acceptent de leur plein gré, semble-t-il, un «aller-retour» pour la France. Pour les Français, il s'agit moins d'authentifier le récit du voyage que de promouvoir l'établissement de liens plus étroits avec les nations de la vallée du Saint-Laurent, comme l'affirme le Malouin Jacques Noël, qui ramène un autochtone en France en 1585 «pour d'autant plus faciliter leur traffic et amitié» (cité dans *HNF*, p. 223). En 1602, Chauvin poursuit sans doute le même objectif, lorsqu'il présente à Henri IV deux Montagnais, qui reviennent l'année suivante à bord du navire où Champlain prend place et font apparemment un rapport élogieux de ce qu'ils ont pu observer (ch. II, p. 96).

Au début du XVIIe siècle, la traite des fourrures a déjà largement pénétré la vallée du Saint-Laurent, et les ramifications autochtones de ce commerce s'étendent déjà vers l'intérieur du continent. À l'entrée du Saint-Laurent, les Montagnais, surtout ceux de Tadoussac, sont au cœur d'un réseau commercial qui s'étend jusqu'à l'arrière-pays : ils remontent le Saguenay et vont chercher les fourrures des Amérindiens du nord avec qui ils échangent les objets européens. Ils protègent jalousement leur position d'intermédiaires, empêchant certains de leurs voisins de venir commercer directement avec les Européens. Les Algonquins jouent un rôle similaire, plus à l'ouest, en apportant jusque dans la vallée du Saint-Laurent les fourrures de certaines nations des Grands Lacs. Les informateurs autochtones rencontrés par Champlain, au-delà du lac Saint-Pierre, connaissent bien les routes qui relient Montréal à l'intérieur du continent.

Algonquins et Montagnais sont alliés aux Hurons, dont le territoire est situé sur les rives de la baie Georgienne (lac Huron). Horticulteurs et semi-sédentaires, les Hurons sont réunis dans une confédération comprenant quatre tribus, qui regroupent au total entre 20 000 et 30 000 personnes au début du XVIIe siècle. S'ils sont appelés à jouer un rôle crucial dans la traite des fourrures, les Hurons n'ont encore en 1603 aucun contact direct avec les Français. Ils font tout au plus une brève apparition dans *Des Sauvages*, sous la figure des « Iroquois » à qui les Algonquins apportent des objets européens. Les Algonquins maintiendront leur position d'intermédiaires jusqu'en 1615, lorsque Champlain visitera pour la première fois la Huronie. Par la suite, les Hurons ne tarderont pas à occuper la place centrale dans le réseau commercial français et la conserveront jusqu'à leur dispersion en 1650.

À son premier voyage dans la vallée du Saint-Laurent, Champlain découvre un autre acteur qui jouera lui aussi un rôle considérable tout au long de l'histoire de la colonie française en Amérique : les Iroquois. Situé au sud du lac Ontario, leur territoire s'étend approximativement de la rivière Mohawk à la rivière Genesee. On ne possède aucune estimation démographique précise sur leur population au moment du contact avec les Européens. Les premières données, des années 1660, permettent d'estimer leur nombre à environ 10 000. En tenant compte de l'impact dévastateur des épidémies, on peut penser qu'ils étaient probablement le double sinon le triple avant l'arrivée des Européens. Comme les Hurons, à qui ils sont apparentés culturellement, les Iroquois sont horticulteurs et vivent dans des villages pouvant compter de 30 à 150 « maisons longues ». Ils se subdivisent en cinq nations (Agniers, Onneiouts, Onontagués, Goyogouins et Tsonnontouans) regroupées dans une ligue dont les origines restent inconnues. Pour certains exégètes de la tradition orale iroquoise, la naissance de cette ligue remonterait au XIVe siècle, mais d'autres spécialistes, à partir des mêmes documents, la fixent plutôt au XVIe et même au début du siècle suivant. Chose certaine, la ligue fonctionne dans les années 1630-1640, alors que les jésuites en poste chez les Hurons parlent des Iroquois comme d'un regroupement de cinq nations distinctes.

Sur la carte géopolitique de l'Amérique du nord-est, les Iroquois occupent une position stratégique qui leur permettra de gêner les visées expansionnistes françaises. Leur territoire se trouve au carrefour de plusieurs voies de pénétration importantes. À l'est, se trouve la route qui, par le lac George, le lac Champlain et la rivière Richelieu, donne accès à la vallée du Saint-Laurent. Le contrôle de cette route donne aux Iroquois les moyens de perturber considérablement la circulation sur le fleuve et de faire des raids contre les populations, françaises ou autochtones, qui l'habitent. Au nord, le lac Ontario représente, dans le prolongement du Saint-Laurent, une des principales voies de pénétration vers l'intérieur du continent. La présence iroquoise à proximité de ce lac obligera longtemps les Français à emprunter la route de l'Outaouais, plus difficile et plus longue, pour aller commercer avec les nations autochtones des Grands Lacs. À l'ouest, enfin, le territoire iroquois s'étend après 1650 jusque dans la région de Niagara, autre lieu de passage hautement stratégique pour la pénétration européenne.

Au début du XVIIe siècle, les Iroquois affrontent une coalition formée des Montagnais, des Algonquins, des Hurons et des Malécites (Etchemins). En 1603, ceux-ci semblent remporter quelques succès contre les guerriers des Cinq-Nations, mais cela ne témoigne pas d'une supériorité de la coalition laurentienne, car, au dire de Champlain, Montagnais et Algonquins évitent la région comprise entre Québec et Montréal, en raison des attaques iroquoises. Très tôt, la politique des marchands français sera de s'associer aux Montagnais, aux Algonquins et aux Hurons contre les Iroquois. L'année 1603 marquerait donc le début d'une alliance formelle entre Français et Amérindiens de la vallée du Saint-Laurent. Gravé du Pont promet l'assistance de la France dans la guerre que les Montagnais et les Algonquins livrent aux Iroquois ; de leur côté, les Amérindiens remettent une prisonnière iroquoise aux Français et un chef montagnais confie son fils à Gravé du Pont pour qu'il visite la France, deux gestes étroitement associés à l'alliance dans la logique amérindienne.

Samuel de Champlain

Champlain est vraisemblablement né à Brouage, port de mer de la Charente-Maritime. Même si la majorité des auteurs situent sa naissance entre 1567 et 1570, aucune source documentaire ne corrobore cette hypothèse. La difficulté vient du fait que Champlain n'a jamais, dans aucun de ses textes, fait une allusion précise à son âge. Serait-il né plutôt vers 1580, comme le propose Jean Liebel[5] ? Une réponse catégorique est impossible, mais l'auteur signale un élément qui mérite l'attention. En 1632, Champlain affirme avoir «passé trente-huit ans [...] à faire plusieurs voyages en mer[6]», ce qui indiquerait qu'il commença à naviguer vers 1594. Si l'on retient l'année 1567 ou 1570 comme date de naissance, il aurait alors entre 24 et 27 ans, ce qui semble très tardif pour un début de carrière maritime. D'autant plus que Champlain, dont le père était marin, avoue en 1613 avoir été attiré dès son «bas âge» par la navigation et avoir exposé sa « vie aux ondes impétueuses de l'océan».

D'après son acte de mariage, Champlain avait pour père Anthoine de Champlain, «capitaine de la Marine», et pour mère Marguerite Le Roy. Son prénom biblique peut laisser croire qu'il était de naissance protestante, mais si tel est le cas, il dut abjurer avant ses voyages au Canada. On connaît mal ses années précanadiennes. Les documents sont rares et ses écrits postérieurs laissent transpirer peu d'éléments autobiographiques sur les premiers moments de sa vie. Tout au plus peut-on penser que les «terres neuves» firent très tôt partie de son univers, car un de ses oncles maternels, Guillaume Allene, dit le «capitaine provençal», était impliqué dans les pêcheries terreneuviennes depuis les années 1570 au moins (Le Blant et Baudry, *Nouveaux documents sur*

Champlain, p. XVII-XVIII). Peut-être se familiarisa-t-il aussi très tôt avec la cartographie et le dessin, comme en témoigne la qualité de ses cartes.

La carrière de Champlain prend d'abord une orientation militaire. Vers 1590, il se trouve en Bretagne, avec l'armée d'Henri IV, où il participe au dernier épisode de la lutte contre la Ligue, appuyée par l'Espagne. Selon le *Brief discours*, il aurait alors occupé les fonctions de maréchal des logis, mais les seuls documents découverts nous le montrent plutôt, en 1595, « fourrier », c'est-à-dire auxiliaire au maréchal des logis, et, en 1597, capitaine d'une compagnie en garnison à Quimper (Le Blant et Baudry, *Nouveaux documents sur Champlain*, p. 17-21). En 1598, avec le départ des troupes espagnoles du territoire français, Henri IV démobilise son armée de Bretagne. Sans emploi, Champlain se rend en Espagne, dans l'espoir d'embarquer sur un des navires qui se rendaient annuellement jusqu'aux Indes occidentales. C'est de cette époque que date son voyage de plus de deux ans dans les colonies espagnoles d'Amérique. De La Franchise y fait allusion dans le poème liminaire : « Il [Champlain] a vu le Pérou, Mexique et la merveille du Vulcain infernal qui vomit tant de feux » (p. 84). Champlain donne davantage de précisions en 1632 (L. I, ch. 7), lorsqu'il raconte les événements qui l'ont conduit au Canada en 1603 : « Sur ces entrefaites je me trouvai en cour, venu fraîchement des Indes occidentales, où j'avais été près de deux ans et demi, après que les Espagnols furent partis de Blavet, et la paix faite en France » (Appendice I, p. 197).

L'itinéraire précis de Champlain et les circonstances dans lesquelles il entreprend ce voyage restent entourés de mystère. Le *Brief discours des choses plus remarquables que Samuel Champlain de Brouage a reconnues aux*

Indes occidentales, qui raconte apparemment ce voyage, est au cœur de la controverse. Ce texte raconte comment, après sa démobilisation, Champlain se dirige vers Port-Louis, dans le Morbihan («Blavet»), où il rencontre un de ses oncles, le «capitaine provençal», grâce à qui il peut se rendre jusqu'en Espagne et prendre place à bord d'un des navires de l'armada de Coloma, qui partait pour l'Amérique espagnole. Son objectif aurait-il été d'observer tout ce qu'il peut sur les colonies espagnoles pour en rendre compte ensuite au roi de France? Il visite Mexico, Vera-Cruz, Porto-Bello, avant de rentrer en Europe en 1601. Le *Brief discours* est resté inédit jusqu'au milieu du XIXe siècle. Découverte dans une bibliothèque privée de Dieppe, une version de ce texte fut publiée en anglais par la Hakluyt Society, en 1859, puis en français par l'abbé Ch.-H. Laverdière, en 1870. On connaît deux autres versions de ce texte, l'une déposée à l'Archivio di Stato de Turin, et l'autre à la bibliothèque universitaire de Bologne. Ces trois versions sont des copies d'un original resté introuvable jusqu'à maintenant.

Pendant près d'un siècle, les biographes de Champlain ont reçu le *Brief discours* comme un récit authentique et sincère, tout au plus parsemé de quelques erreurs et contradictions. Les premières réserves sérieuses sur l'authenticité du récit n'apparaissent qu'en 1950, sous la plume de Jean Bruchési; sept ans plus tard, après avoir comparé les informations contenues dans le *Brief discours* avec celles des archives espagnoles, L.-A. Vigneras conclut à la supercherie. Sans être aberrants de bout en bout, la chronologie et l'itinéraire tracés dans le *Brief discours* contiennent de nombreuses imprécisions et surtout des erreurs grossières qui semblent exclure la participation de l'auteur au voyage de l'armada de Coloma jusqu'aux Indes occidentales. On ne peut actuellement résoudre les problèmes posés par ce texte et par cet épisode de la vie de Champlain : est-il l'auteur du *Brief discours* ? Les copies retrouvées sont-elles fidèles à l'original ? Champlain a-t-il vraiment accompagné l'armada de Coloma ou bien s'est-il rendu aux Indes occidentales dans d'autres circonstances ? A-t-il même seulement séjourné dans cette région ? N'invente-t-il pas plutôt toute cette histoire pour se mettre en valeur à une époque où les informations sur les colonies espagnoles étaient très recherchées ? Seule la découverte d'autres documents ou du texte original dont dérivent les trois versions connues du *Brief discours* permettrait de répondre à ces questions.

Qu'il ait ou non séjourné dans les colonies espagnoles, on retrouve Champlain à Cadix en juillet 1601, où il reçoit en héritage de son oncle, le « capitaine provençal », une immense propriété. Il rentre ensuite en France et obtient une pension à la cour d'Henri IV. Invité par Aymar de Chaste, nouveau titulaire du monopole commercial canadien, à faire le voyage jusqu'en Canada, il s'embarque le 15 mars 1603, à bord de la *Bonne-Renommée*. Le 20 septembre, à son retour en France, la rédaction de son livre *Des Sauvages* est sans doute fort avancée, car dès le 15 novembre il obtient le privilège de le publier. Une carte présentée à Henri IV accompagnait vraisemblablement le récit initial, mais elle n'a jamais été retrouvée.

Avec le voyage de 1603 commence donc la carrière canadienne de Champlain, qui se poursuit jusqu'à sa mort à Québec, en décembre 1635. Dès mars 1604, il reprendra la route du Canada, en compagnie de De Monts. Sans titre officiel encore une fois, il remplit la fonction de géographe. Après quelques années en Acadie, il retourne dans la vallée du Saint-Laurent, où il fonde un poste de traite à Québec, en 1608. À partir de ce moment et jusqu'à sa mort, il occupe des positions de commande dans cette région et demeure l'une des figures marquantes de la colonisation française. S'il rêve de trouver la route vers la Chine, il poursuit aussi le commerce des fourrures et devient le promoteur d'une colonisation intensive de la Nouvelle-France, qui vise à mettre en valeur toutes les richesses du territoire. Dans la tradition historiographique québécoise, il fait ainsi figure de fondateur d'une colonie de peuplement.

Le voyage de 1603

Dans la première moitié du XVIe siècle, les marchands n'étaient pas les initiateurs des entreprises colonisatrices. Commanditées par la couronne, elles étaient clairement des affaires d'État: comme les souverains du Portugal et de l'Espagne, François Ier visait à s'approprier une partie des richesses fabuleuses du continent américain. À certains égards, ces entreprises heurtaient même les intérêts des armateurs impliqués dans les pêches terreneuviennes, car elles mobilisaient pour une longue période les meilleures ressources humaines utilisées dans les voyages transatlantiques. Au début du XVIIe siècle, la situation s'inverse: les marchands eux-mêmes, et non l'État, jettent les fondements d'une colonie française sur les rives du Saint-Laurent.

Certes, avec la fin des guerres de religion en 1598, la colonisation américaine suscite à nouveau l'intérêt de la cour; mais on est bien loin de l'enthousiasme de la première moitié du XVIe siècle. Plutôt que de participer à leur financement, l'État manifeste son intérêt en donnant une forme officielle à certains projets de marchands impliqués dans la traite, exigeant en retour qu'ils s'engagent à transporter annuellement un certain nombre de colons vers l'Amérique. Pour donner de meilleures assises à l'entreprise, la cour cherche aussi à rapprocher les différents groupes intéressés à la traite. Ainsi s'expliquent les efforts de 1603 pour amener Chauvin et ses associés de Rouen à collaborer avec des marchands de Saint-Malo qui se plaignaient d'avoir été exclus du monopole commercial. Au sieur de La Cour, président du parlement de Normandie, et à Aymar de Chaste, vice-amiral de France et gouverneur de Dieppe, Henri IV confie le mandat de regrouper tous ces marchands dans une nouvelle compagnie, espérant satisfaire les Malouins et donner de nouvelles bases au monopole pour accélérer «la découverture et habitation de la province de Canada» (document cité par M. Trudel, *HNF*, p. 243). Cette tentative de rapprochement se solde par un échec, car les marchands de Saint-Malo refusent de se joindre au monopole s'ils doivent participer financièrement à l'entreprise de peuplement. Sans abolir le monopole commercial de Chauvin, Henri IV accorde aux Malouins la permission d'envoyer un navire de traite au Canada en 1603.

C'est Aymar de Chaste, nouveau titulaire du monopole à la mort de Chauvin, qui organise le voyage de 1603. Comme «la dépense était fort grande», il entre en «société avec plusieurs gentilshommes et principaux marchands de Rouen et d'autres lieux» (*Voyages*, 1632, L. I, ch. 7). Trois navires participent au voyage: la *Bonne-Renommée*, la *Françoise* et le bateau du Malouin Jean Sarcel de Prévert. Un marchand originaire de Saint-Malo, Gravé du Pont, commande l'expédition. Marin expérimenté, il possède une bonne connaissance de la vallée du Saint-Laurent: associé à Chauvin dès 1598, il avait fréquenté la région de Trois-Rivières avant l'établissement du monopole de 1599 et faisait partie du voyage au cours duquel le poste de Tadoussac avait été construit. Jusqu'à la prise de Québec par les frères Kirke, en 1629, il restera étroitement associé au développement de la traite des fourrures dans la vallée du Saint-Laurent, où il séjourne à plusieurs reprises.

À l'invitation d'Aymar de Chaste, Champlain prend part à cette expédition commerciale, apparemment comme simple observateur. Dans son épître liminaire, il affirme qu'il a «expressément été sur les lieux pour pouvoir rendre fidèle témoignage de la vérité» sur ce Canada dont plusieurs ont déjà parlé avant lui. Beaucoup plus tard, en 1632 (*Voyages*, L. I, ch. 7), il affirmera qu'il devait «voir ce pays et ce que les entrepreneurs y feraient» et que Gravé du Pont avait ordre de lui «faire voir et reconnaître tout ce qui se pourrait en ces lieux», afin qu'il puisse «en faire fidèle rapport» au roi.

Le départ se fait à Honfleur, le 15 mars 1603, mais le texte de Champlain ne permet pas de savoir si les trois navires font route ensemble. Le 7 mai, la *Bonne-Renommée* est en vue du cap Sainte-Marie (Terre-Neuve) et le 20, elle est à la hauteur de l'île d'Anticosti. Si le navire de Prévert faisait route avec la *Bonne-Renommée*, il semble s'être arrêté à Gaspé, tandis que Gravé du Pont poursuivait sa route jusqu'à Tadoussac, où il arrive le 24 mai. Trois jours plus tard, en mettant pied à terre, les Français tiennent conseil avec les Montagnais. Les deux autochtones conduits en France l'année précédente font un rapport de leur séjour, soulignant la volonté d'Henri IV, à qui ils avaient été présentés, de «peupler leur terre et faire paix avec leurs ennemis (qui sont les Iroquois) ou leur envoyer des forces pour les vaincre». L'atmosphère était alors aux réjouissances à Tadoussac, où Montagnais, Algonquins et Malécites (Etchemins) s'étaient réunis, sans doute pour commercer avec les Européens, mais aussi pour célébrer leur victoire sur les Iroquois, «dont ils en avaient tué quelque cent». Pendant ce premier séjour de trois semaines à Tadoussac, Champlain explore le Saguenay sur une douzaine de lieues.

Du 18 juin au 11 juillet, en compagnie de quelques Français, Gravé du Pont et Champlain remontent le Saint-Laurent jusqu'à Montréal, à bord d'une barque à voile légère. Ils traînent avec eux un «esquif» (petite embarcation à rames), afin de franchir plus aisément les courants. Tout comme Cartier avant eux, Gravé du Pont et Champlain se heurtent aux rapides de Lachine et doivent rebrousser chemin. Leurs tentatives pour remonter le cours du Saint-Maurice et du Richelieu n'ont pas plus de succès. Avant de faire demi-tour, Champlain interroge les Amérindiens sur les régions situées au-delà de Montréal. Grâce aux informations recueillies, il peut reconstituer une partie du réseau hydrographique des Grands Lacs. Si sa description reflète sa hantise de la mer du Sud, on y reconnaît aussi le lac Saint-Pierre et, de manière plus confuse, les lacs Ontario, Érié, Huron et même les chutes Niagara.

Aussitôt arrivés à Tadoussac, Gravé du Pont et Champlain repartent pour Gaspé, où ils restent du 15 au 19 juillet. En route, ils rencontrent un groupe d'Amérindiens, peut-être des Micmacs, qui se dirigent vers Tadoussac «pour troquer des flèches et chairs d'orignal, qu'ils ont pour des castors et martres des autres Sauvages montagnais, etchemins et algonquins». Retardés par le mauvais temps, Gravé du Pont et Champlain sont de retour à Tadoussac le 3 août. Avant le départ définitif pour la France, le 16 du même mois, un chef montagnais confie son fils à Gravé du Pont «pour l'emmener en France», «le priant de le bien traiter et lui faire voir ce que les deux autres Sauvages que nous avions ramenés avaient vu». Les Amérindiens acceptent aussi de remettre aux Français une captive iroquoise. Après un arrêt de quelques jours à Gaspé, où Champlain entend parler du fameux monstre Gougou, tous les navires repartent de compagnie et arrivent au Havre-de-Grâce le 20 septembre 1603.

Des Sauvages n'est guère explicite sur les objectifs poursuivis au cours de ce voyage d'un peu plus de six mois dans la «province de Canada»: il s'ouvre abruptement sur le départ de Honfleur, sans qu'on connaisse les personnages qui patronnent cette entreprise ni les circonstances qui ont présidé à son organisation. En 1632, lorsqu'il se rappellera les circonstances entourant l'expédition de 1603, Champlain placera l'accent sur l'exploration et la prospection, prêtant à Aymar de Chaste d'ambitieux projets coloniaux: «bien qu'il eût la tête chargée d'autant de cheveux gris que d'années», il «voulait encore laisser à la postérité par cette louable entreprise une remarque très charitable en ce dessein, et même s'y porter en personne, pour consommer le reste de ses ans au service de Dieu et de son Roi, en y faisant une demeure arrêtée, pour y vivre et mourir glorieusement». S'il faut en croire Champlain, de Chaste aurait organisé son expédition «tant pour l'exécution de cette entreprise, que pour découvrir et peupler le pays».

Explorer et peupler: étaient-ce donc les objectifs poursuivis en 1603? On peut en douter, car cette reconstruction tardive escamote une dimension essentielle: le commerce. S'inscrivant dans la suite de ceux de Chauvin, le voyage de 1603 est de nature commerciale. En font foi les quelques actes notariés relatifs à l'armement de la *Bonne-Renommée* et de la *Françoise*: le 10 mars 1603, Gravé du Pont se trouve à Honfleur, «prêt à aller en trafic de marchandises en Canada»; deux jours plus tard, Jean Girot, capitaine de la *Françoise*, déclare «n'aller à la pêche des morues sur le banc de Terre-Neuve, ains [mais] en traite au pays de Canada, suivant la permission du roi». Même la remontée du Saint-Laurent semble s'inscrire partiellement dans une logique commerciale. Selon le *Factum des marchands de Saint-Malo* (1613), plusieurs barques faisaient le même trajet pour troquer avec les autochtones: «Il y a environ de dix à douze ans seulement [1603] que ledit Champlain fut comme passager mené au premier saut [les rapides de Lachine] par ledit sieur de Pontgravé, de Saint-Malo, et en laquelle année se trouva une infinité de personnes de toutes contrées de France jusqu'au nombre de neuf ou dix barques qui toutes ensemble négocièrent audit lieu» (cité dans Le Blant et Baudry, *Nouveaux documents sur Champlain*, p. 246). En 1632, Champlain confirmera partiellement ces propos, racontant qu'il alla «jusqu'à une lieue à mont le grand saut Saint-Louis» avec «des moyennes barques de douze à quinze tonneaux» (*Voyages*, 1632, L. I, ch. 7; voir Appendice I, p. 198).

Paradoxalement, *Des Sauvages* ne laisse guère transparaître cette dimension commerciale de l'entreprise. Le sous-titre met l'accent sur l'exploration, la prospection et l'inventaire des lieux, des richesses et des mœurs des populations locales. Suivant le même mouvement, le corps du texte donne l'impression que le voyage ne visait qu'à explorer ce nouveau territoire, ses cours d'eau et à inventorier ses richesses. On cherche en vain les scènes d'échange, les allusions précises aux opérations commerciales, comme si Gravé du Pont et ses hommes n'avaient pas pratiqué la traite.

Cette dimension commerciale était-elle trop évidente pour que Champlain en parle? Ou ne met-il pas plutôt l'accent sur des activités susceptibles d'attirer et de maintenir l'intérêt de la cour? Le récit de Champlain a l'avantage de montrer les détenteurs du monopole à l'œuvre dans des activités traditionnellement associées à la colonisation: l'exploration et l'inventaire. Comme le monopole était accordé à la condition expresse que son exploitation débouche sur la mise en place d'un peuplement colonisateur, n'avait-on pas intérêt à faire oublier ce qui constituait pour les marchands la raison première de leur voyage dans la vallée du Saint-Laurent, le commerce, pour mettre l'accent sur la dimension colonisatrice ? Dans un contexte où les pressions des marchands exclus se font de plus en plus insistantes pour briser le monopole, *Des Sauvages* semble tenir davantage du texte publicitaire, écrit et publié pour soutenir la cause des marchands exploitant ce monopole. Ce souci s'exprime aussi dans les propos de Champlain qui cherchent à réduire la portée des entreprises de Cartier, que les marchands de Saint-Malo invoquaient pour démontrer la priorité de leurs droits face aux « usurpateurs » de Normandie.

Le voyage de 1603 ne serait-il alors qu'un simple voyage de traite ? Pas tout à fait non plus, car le commerce s'y combine à une activité prospective et exploratoire. En 1600, Chauvin ne s'était pas préoccupé de reprendre l'exploration de la vallée du Saint-Laurent. Même si François Gravé du Pont, son associé, et Pierre Du Gua de Monts, qui accompagnait alors la flotte « pour son plaisir », auraient préféré établir un poste de traite davantage en amont et poursuivre l'exploration, Chauvin n'avait pas dépassé Tadoussac. En 1603, Gravé du Pont prend plusieurs jours pour remonter le fleuve jusqu'à Montréal ; les esquifs qu'il apporte pour franchir les rapides de Lachine montrent bien que cette remontée du fleuve n'était pas destinée seulement au commerce, mais visait à dresser un inventaire préliminaire des lieux, de la faune, de la flore en vue d'une exploitation future. Sans faire une description élogieuse de Québec, Champlain relève tout de même les qualités du site et les possibilités d'installation.

Dans la vallée du Saint-Laurent, surtout dans la région de Trois-Rivières, qu'il juge stratégique pour le développement éventuel d'un réseau commercial des fourrures, il note la qualité des terres et les possibilités de colonisation. Tout en gardant le regard fixé sur la mer de Chine (le poème liminaire parle de «trouver le Levant») et en cherchant à évaluer les qualités du terroir, l'exploration vise aussi à trouver la route d'un nouvel Eldorado américain. Malgré la déception provoquée par les «faux diamants» de Cartier, on espère toujours, comme au XVIe siècle, découvrir des métaux précieux.

Même si les Français ne peuvent franchir les rapides de Lachine, leur voyage n'est pas tout à fait un échec: ils se familiarisent avec le Saint-Laurent et se forment une idée de l'intérieur du continent grâce aux informations fournies par les Amérindiens. Déjà, Champlain rapporte la conviction que l'exploration passe par une certaine forme d'ensauvagement: il faut se lier avec les Amérindiens et adopter leur moyen de transport, le canot d'écorce, dont la supériorité est évidente sur les cours d'eau nord-américains. Dès son arrivée à Tadoussac, il avait pu en observer la maniabilité, quand des Amérindiens «se mirent ainsi près de deux cents canots, qui vont étrangement, car encore que notre chaloupe fût bien armée, pourtant allaient-ils plus vite que nous» (p. 99). L'avantage des embarcations autochtones est encore plus évident lorsque les Français cherchent à franchir les rapides de Lachine: «Partant de notre barque, nous ne fûmes pas à trois cents pas qu'il nous fallut descendre et quelques matelots se mettre à l'eau pour passer notre esquif; le canot des Sauvages passait aisément» (p. 145). Pour explorer l'intérieur du continent, l'Européen devra donc emprunter la technique autochtone, bien adaptée pour franchir les sauts: «avec les canots des Sauvages l'on peut aller librement et promptement en toutes les terres, tant aux petites rivières comme aux grandes. Si bien qu'en se gouvernant par le moyen desdits Sauvages et de leurs canots, l'on pourra voir tout ce qui se peut, bon et mauvais, dans un an ou deux» (p. 148). La voie pour la pénétration française du continent nord-américain était ainsi toute tracée: il ne restait plus qu'à l'emprunter…

Des Sauvages

Habituellement, la relation de voyage s'ouvre sur une épître liminaire dans laquelle l'auteur remercie le roi, ou un puissant mandateur, qui lui a confié la tâche de découvrir des terres, convertir des infidèles ou administrer une colonie naissante; elle se poursuit ensuite sur une préface qui promet au lecteur virtuel de lui raconter des aventures extraordinaires au-delà du connu et de lui apprendre des choses nouvelles et singulières sur le pays découvert. Sans mandat officiel en Amérique, Champlain se trouve embarrassé pour relater le voyage de 1603. Aussi, sa brève épître dédicatoire se contente-t-elle d'écarter d'un revers de la main tout ce qu'on a écrit jusque-là sur le Canada et affirme-t-elle «rendre fidèle témoignage de la vérité» parce que son auteur a une connaissance directe du terrain: «Bien que plusieurs aient écrit quelque chose du pays de Canada, je n'ai voulu pourtant m'arrêter à leur dire [témoignage], et ai expressément été sur les lieux pour pouvoir rendre fidèle témoignage de la vérité» (p. 83). Le voyage est donc la seule caution du vrai. Comme tant d'autres, Champlain asseoit son autorité d'auteur sur le déni de ses devanciers. À peine mentionne-t-il une seule fois Cartier, au chapitre VI, pour dire que son prédécesseur n'alla pas plus loin que la rivière Sainte-Croix [Saint-Charles].

Mais si Champlain, par son silence sur les explorations antérieures, dénie toute autorité à Cartier, il ne lui emprunte pas moins une présentation de l'espace américain et une technique de description éprouvée. Dès le début de sa première relation, Cartier distribuait la matière narrative sur l'axe chronologique du journal de bord :

> nous partîmes du havre et port de Saint-Malo avec lesdits deux navires [...]. § Et le XXIe jour dudit mois de mai partîmes dudit hable avec un vent d'ouest et fûmes portés au nord un quart de nordest de cap Bonavista jusqu'à l'île des Oiseaux [...]. § Le mercredi XXVIIe dudit mois nous arrivâmes à l'entrée de la baie des Châteaux et pour la contrariété du temps et du grand nombre de glaces que nous trouvâmes nous convint entrer dedans un hable [...] (*Relations*, p. 95-97).

De la même manière, Champlain utilisera les ressources formelles du journal de voyage pour ordonnancer le foisonnement de la réalité géographique qui se déroule sous ses yeux :

> Nous partîmes de Honfleur le 15e jour de mars 1603. [...] Le 16e jour d'avril, le temps commença à s'adoucir [...]. Le 2e de mai nous entrâmes sur le banc à onze heures du jour par les 44 degrés 1/3. [...] Le 15e dudit mois, nous eûmes connaissance des îles de Saint-Pierre. Le 17e suivant, nous rencontrâmes un banc de glace près du cap de Raie [...]. Le lendemain, nous mîmes à la voile et eûmes connaissance du cap de Raie

> et îles de Saint-Paul et cap de Saint-Laurent qui est terre ferme à la bande du sud; et dudit cap de Saint-Laurent jusqu'audit cap de Raie, il y a dix-huit lieues, qui est la largeur de l'entrée de la grande baie de Canada. Cedit jour sur les dix heures du matin, nous rencontrâmes une autre glace qui contenait plus de huit lieues de long. Le 20e dudit mois, nous eûmes connaissance d'une île [...]. Le lendemain, nous eûmes connaissance de Gaspé, terre fort haute, et commençâmes à entrer dans ladite rivière de Canada, en rangeant la bande du sud jusqu'à Matane, où il y a dudit Gaspé 65 lieues. Dudit Matane, nous vînmes prendre connaissance du Bic [...] (p. 89-91).

Lescarbot, écrivain de cabinet quand il relate les voyages exploratoires, reprochera à Cartier et à Champlain cette manière de sélectionner et de sérier le réel sur l'axe spatio-temporel de la « découverture » :

> considérant que les descriptions desdits capitaines Cartier et Champlain sont des îles, ports, caps, rivières et lieux qu'ils ont vus, lesquels étant en grand nombre apporteraient plutôt un dégoût au lecteur, qu'un appétit de lire, ayant moi-même quelquefois en semblable sujet passé par-dessus les descriptions des provinces que Pline fait dans les livres III, IV, V et VI de son *Histoire naturelle* (*Histoire de la Nouvelle-France,* 1609, L. II, avant-propos).

Champlain se souviendra vraisemblablement de ce jugement de Lescarbot quand il écrira, au début de sa dédicace des *Voyages* de 1619 :

> Voici un troisième livre contenant le discours de ce qui s'est passé de plus remarquable aux voyages par moi faits en la Nouvelle-France, à la lecture duquel j'estime que Votre Majesté prendra un plus grand plaisir qu'aux précédents, d'autant que ceux-ci ne désignent rien que les ports, havres, situations et autres matières plus propres aux nautoniers et mariniers que non pas aux autres. En celui-ci vous y pourrez remarquer plus particulièrement les mœurs et façons de vivre de ces peuples, tant en particulier que général, leurs guerres, munitions, façons d'assaillir et se défendre, leurs expéditions, retraite en plusieurs particularités, servant à contenter un esprit curieux […].

Si elle risque d'ennuyer le lecteur avide de « curiosités », cette inscription du topographique sur une trame chronologique sans cesse rappelée rend bien la précarité d'un itinéraire imposé par les conditions naturelles bien plus que choisi par les explorateurs. Aimanté par le « passage » vers la Chine, le regard de l'observateur se déplace au rythme du bateau, s'accroche au relief des côtes, subit l'action, tout autant qu'il la provoque, comme le trahissent les formules verbales actives et passives : « nous mîmes à la voile », « rencontrâmes sept vaisseaux flamands », nous « fûmes contrariés d'une grande tourmente », « nous rencontrâmes une glace fort haute », « nous eûmes connaissance[7] d'un banc de glace », jusqu'au moment où, tous les sens sollicités, le découvreur est contraint de s'arrêter momentanément :

> Le 6e dudit mois nous vînmes si proche de terre que nous oyions la mer battre à la côte ; mais nous

> ne la pûmes reconnaître pour l'épaisseur de la brume dont cesdites côtes sont sujettes, ce qui fut cause que nous nous mîmes à la mer encore quelques lieues, jusqu'au lendemain matin, quand nous eûmes connaissance de terre d'un temps assez beau, qui était le cap de Sainte-Marie (p. 90).

La bataille contre les éléments est avant tout une bataille contre ce qui entrave la vision, une bataille autant pour *voir* que pour découvrir le chemin vers la Chine. La suite du texte le montrera éloquemment, qui fait alterner les verbes nettement passifs (« nous fûmes surpris d'un grand coup de vent ») et les verbes actifs (« nous mîmes à la voile », « nous vînmes prendre connaissance »). Les formules-leitmotive « nous eûmes connaissance » et « nous prîmes connaissance » trahissent à quel point la vision est soumise à deux forces antagonistes : les éléments naturels et l'action du découvreur. Quand celui-ci aura réussi à imposer sa volonté aux éléments, c'est-à-dire quand il aura réussi à *voir*, à *prendre* « connaissance » plutôt qu'à *avoir* « connaissance », il sera en mesure de *prendre pied* sur les terres neuves :

> Le lendemain […] commençâmes à entrer dans ladite rivière de Canada, en rangeant la bande du sud jusqu'à Matane […]. Dudit Matane, nous vînmes prendre connaissance du Bic […] ; dudit Bic, nous traversâmes la rivière jusqu'à Tadoussac […]. § Le 24e dudit mois, nous vînmes mouiller l'ancre devant Tadoussac, et le 26e nous entrâmes dans ledit port […] (p. 91-92).

En présentant la découverte des terres neuves comme une victoire du regard sur le monde, Champlain reprend à ses devanciers[8] le topos de *l'autopsie* qu'on trouvait déjà chez les historiens grecs, comme nous le rappelle François Hartog dans des pages importantes de son essai sur Hérodote[9]. Mais le regard ici n'est pas celui, euphorique, du récollet Sagard, disciple de saint François, pour qui la nature est un don de Dieu. Ni celui de Cartier, qui, ébloui par l'«incréable» richesse des «Terres Neuves», distribue sur l'axe chronologique de l'aventure exploratoire, la prolifération faunique et végétale du Canada:

> Depuis ledit dix-neuvième jour jusqu'au vingt-huitième jour dudit mois, [...] nous avons vu et trouvé d'aussi beaux pays et terres aussi unies que l'on saurait désirer, pleines des plus beaux arbres du monde, à savoir: chênes, ormes, noyers, pins, cèdres, pruches, frênes, bouleaux, saules, osiers et force vignes [...] qui avaient si grande quantité de raisins, que les compagnons en revenaient tout chargés à bord. Il y a pareillement force grues, cygnes, outardes, oies, canards, alouettes, faisans, perdrix, merles, mauves, tourtes, chardonnerets, serins, rossignols et autres oiseaux, comme en France et en grande abondance (*Relations*, p. 147-148).

L'énumération ici est à la fois célébration et prise de possession d'une richesse à exploiter. En 1603, obnubilé par la Chine et les mines, Champlain cède peu souvent à cette euphorie jubilatoire de la liste. Seule la région du Richelieu, qui conduit au «pays des Iroquois», semble susciter chez lui quelque enthousiasme:

> je vis quantité d'îles, lesquelles sont fort fertiles en fruits, comme vignes, noix, noisettes, et une

> manière de fruit qui ressemble à des châtaignes, cerises, chênes, trembles, pible [peuplier], houblon, frêne, érable, hêtre, cyprès, fort peu de pins et sapins; il y a aussi d'autres arbres que je ne connais point, lesquels sont fort agréables. Il s'y trouve quantité de fraises, framboises, groseilles, rouges, vertes et bleues, avec force petits fruits qui y croissent parmi grande quantité d'herbages. Il y a aussi plusieurs bêtes sauvages, comme orignaux, cerfs, biches, daims, ours, porcs-épics, lapins, renards, castors, loutres, rats musqués, et quelques autres sortes d'animaux que je ne connais point, lesquels sont bons à manger et dont vivent les Sauvages (p. 143-144).

Dans ses *Voyages* de 1613, la perspective changera, car, si l'on cherche toujours à « trouver le chemin de la Chine, sans les incommodités des glaces du nord, ni les ardeurs de la zone torride », l'on y veut aussi « faire une demeure arrêtée dans les terres que nous disons la nouvelle France, espérant parvenir plus facilement à la perfection de cette entreprise, la navigation commençant en la terre d'outre l'océan, le long de laquelle se fait la recherche du passage désiré » (p. 2-5). L'Amérique du Nord devenant une escale, l'explorateur y guettera donc les signes d'une richesse pouvant fournir l'approvisionnement et financer l'entreprise « sans rien tirer des deniers royaux ». Aussi verra-t-on de fréquentes énumérations bigarrer le texte publié en 1613 :

> Ces îles sont remplies de pins, sapins, bouleaux et de trembles. [...] Aux deux autres, il y a une telle abondance d'oiseaux de différentes espèces, qu'on ne pourrait se l'imaginer si l'on ne l'avait

> vu, comme cormorans, canards de trois sortes, oies, marmettes, outardes, perroquets de mer, bécassines, vautours et autres oiseaux de proie: mauves, alouettes de mer de deux ou trois espèces; hérons, goélands, courlieux, pies de mer, plongeons, huarts, appoils, corbeaux, grues et autres sortes que je ne connais point, lesquels y font leurs nids. Nous les avons nommées îles aux Loups Marins (*Voyages*, 1613, p. 12-13).

À lire *Des Sauvages* après les *Relations* de Cartier, on a le sentiment que Champlain ne prend pas contact avec un Nouveau Monde, ne découvre pas une terre nouvelle avec cette vision dichotomique et passionnée qui caractérisait son prédécesseur. Là où Champlain note simplement la pauvreté de la côte nord par opposition à la rive sud, Cartier utilisait une réminiscence biblique pour forger une image frappante de dénuement:

> elle ne se doit nommer Terre Neuve mais pierres et rochers effroyables et mal rabotés car en toute ladite côte du nord je n'y vis une charretée de terre et pourtant je descendis en plusieurs lieux. Fors à Blanc Sablon il n'y a que de la mousse et de petits bois avortés. Enfin j'estime mieux qu'autrement que c'est la terre que Dieu donna à Caïn (*Relations*, p. 101).

Là où Champlain mentionne simplement la nouveauté comme allant de soi, Cartier s'émerveillait devant les bélugas du Saint-Laurent:

> Le lendemain au matin fîmes voile et appareillâmes pour passer outre et eûmes connaissance

> d'une sorte de poissons desquels il n'est mémoire d'homme avoir vu ni ouï. Lesdits poissons sont gros comme morhoux [marsouins] sans aucun estoc avoir, et sont assez faits par le corps et tête de la façon d'un lévrier, aussi blancs comme neige, sans aucune tache ; et il y en a fort grand nombre dans ledit fleuve, qui vivent entre la mer et l'eau douce (*ibid.*, p. 136).

Alors que Cartier sème généreusement les toponymes sur son passage et multiplie les énumérations, les comparaisons et les hyperboles pour annexer les merveilles du Nouveau Monde à l'Europe, Champlain énumère sagement les ports et havres, les distances, etc. Chez Cartier, les oiseaux sont en « si grand nombre que c'est une chose incroyable à qui ne le voit » ; le cap d'Orléans et la baie des Chaleurs sont « la plus belle terre qu'il soit possible de voir » ; l'ours polaire est « grand comme une vache », « blanc comme un cygne » et sa chair est « aussi bonne à manger comme une génisse de deux ans[10] ».

Ce n'est pas seulement la présentation des éléments géographiques qui change de Cartier à Champlain, mais aussi leur sélection et leur ordonnancement. Champlain, comme Cartier, évalue la nature en fonction de son utilisation éventuelle : décrivant les environs de Québec, Champlain mentionne les « bonnes terres pleines d'arbres, comme chênes, cyprès, boulles [bouleaux], sapins et trembles, et autres arbres fruitiers sauvages et vignes » en pensant au radoub des navires, à la construction des maisons et à la nourriture, comme le confirme partiellement la suite de la phrase : « à mon opinion, si elles étaient cultivées, elles seraient bonnes comme les nôtres » (*Des Sauvages*, p. 125-126). Mais jamais, chez lui, la nature ne devient paysage comme dans cette description de Cartier où la fonctionnalité du lieu propice au ravitaillement laisse place à une vision en perspective :

> Cette baie gît est nordest et ouest sorouest. Et est la terre de vers le sud de ladite baie aussi belle et bonne terre, labourable et pleine d'aussi belles campagnes et prairies que nous ayons vues, et unie comme un étang. Et celle vers le nord est une terre haute à montagnes, toute pleine d'arbres de haute futaie, de plusieurs sortes (et entre autres, il y a plusieurs cèdres et pruches, aussi beaux qu'il soit possible de voir, pour faire mâts, suffisants pour mâter navires de trois cents tonneaux et plus), en laquelle nous ne vîmes un seul lieu vide de bois, fors en deux lieux de basses terres, où il y avait des prairies et des étangs moult beaux (*Relations*, p. 98).

Certes, la terre est *belle* parce qu'elle est labourable, les arbres sont *beaux* parce qu'on en peut faire des mâts. Mais les éléments ne sont plus juxtaposés sur le même plan : sériés dans l'espace, ils s'organisent en tableau. Un autre passage, sur l'île de Brion, organise la parataxe énumérative selon le topos du *locus amœnus* médiéval :

> Cette île est rangée [entourée] de sablons et beau fonds et possaige [mouillage] à l'entour d'elle à six et à sept brasses. Cettedite île est la meilleure terre que nous ayons vue, car un arpent de celle-ci vaut mieux que toute la Terre-Neuve. Nous la trouvâmes pleine de beaux arbres, prairies, champs de blé sauvage et de pois en fleurs, aussi épais et aussi beaux que je vis oncques en Bretagne, qu'eux semblaient

> y avoir été semés par laboureurs. Il y a force groseilliers, fraisiers et rosiers de Provins, persil et autres bonnes herbes de grande odeur. Il y a autour de cette île plusieurs grandes bêtes, comme grands bœufs, qui ont deux dents en la gueule, comme dents d'éléphant qui vont en la mer. [...] Nous y vîmes pareillement des ours et des renards. Cette île fut nommée l'île de Brion (*ibid.*, p. 105).

Tout en retenant les «beaux fonds» pour ancrer les bateaux et tout ce qui est nécessaire pour vivre de chasse et de culture, la description reprend les éléments du refuge édénique insulaire : le cœur de l'espace cultivé, comme un paysage de ferme bretonne ou normande, avec ses prairies, ses champs de pois, ses massifs d'arbustes fruitiers, est marqué en son pourtour par la sauvagerie de trois sortes d'animaux qui vont de l'inconnu au familier : les «grandes bêtes qui ont deux dents dans la gueule comme des dents d'éléphants», les ours, puis les renards.

La rencontre avec le Sauvage donnait lieu chez Cartier à une vaste mise en scène avec décor, acteurs et figurants, à une sorte de représentation théâtrale où Français et Amérindiens se touchaient et occupaient le même espace :

> [...] tout soudain s'assemblèrent toutes les femmes et filles de ladite ville, dont une partie était chargée d'enfants entre leurs bras, lesquelles nous vinrent frotter le visage, bras et autres endroits de dessus le corps où elles pouvaient toucher, pleurant de joie de nous voir, nous faisant la meilleure chère qu'il leur était possible, en nous faisant signes qu'il nous plût toucher à

> leursdits enfants. Après lesquelles choses faites, les hommes firent retirer les femmes et s'assirent sur la terre, tout à l'entour de nous, comme si nous eussions voulu jouer un Mystère. Et tout incontinent revinrent plusieurs, qui apportèrent chacune une natte carrée, en façon de tapisserie et les étendirent sur la terre, au milieu de ladite place et nous firent mettre sur celles-ci (*ibid.*, p. 153-154).

Les rencontres chez Champlain ne provoquent jamais pareilles « cérémonies et signes de joie ». Quand les Français rencontrent les Montagnais près de Tadoussac, on mange, on harangue, on échange vraisemblablement des cadeaux, mais on ne fête pas :

> Le 27e jour, nous fûmes trouver les Sauvages à la pointe de Saint-Mathieu, qui est à une lieue de Tadoussac [...]. Ayant mis pied à terre, nous fûmes à la cabane de leur grand sagamo, qui s'appelle Anadabijou, où nous le trouvâmes avec quelque 80 ou 100 de ses compagnons qui faisaient tabagie (qui veut dire festin), lequel nous reçut fort bien, selon la coutume du pays et nous fit asseoir auprès de lui, et tous les Sauvages arrangés les uns auprès des autres des deux côtés de ladite cabane. L'un des Sauvages que nous avions amenés commença à faire sa harangue [...]. Or après qu'il eut achevé sa harangue, ledit grand sagamo Anadabijou, l'ayant attentivement ouï, commença à prendre du pétun et en donner audit sieur du Pont Gravé de Saint-Malo et à moi, et à quelques autres sagamos qui étaient auprès de lui ; ayant bien

> pétuné, il commença à faire sa harangue à tous, parlant posément, s'arrêtant quelquefois un peu, et puis reprenait sa parole, en leur disant que véritablement ils devaient être fort contents d'avoir sadite Majesté pour grand ami ; ils répondirent tous d'une voix : «*ho ho ho*», c'est-à-dire «oui, oui» (p. 95-96).

Et la description continue sur ce même ton neutre, sans étonnement ni émotion, comme si Champlain ne relatait pas sa première rencontre avec les Montagnais. Alors qu'un Lejeune, en 1632, donnera de ces mêmes Montagnais un tableau hautement coloré, animé de figures de Mardi gras[11], Champlain les décrit comme à distance, à la manière d'un narrateur behavioriste qui se contenterait de noter faits, gestes et paroles, sans commenter ce qui se passe. Contrairement aux autres voyageurs qui décrivent longuement leurs réactions face à la nourriture des Amérindiens, à leur odeur et à leurs traits physiques, Champlain n'en parle jamais, si ce n'est pour dire qu'«ils mangent fort salement», frottant leurs mains sales «à leurs cheveux, ou bien au poil de leurs chiens». Il ne dit ni ce qu'il pense de la nourriture ni même s'il a goûté au tabac que lui a offert le sagamo et dont Cartier avait «expérimenté ladite fumée» au cours de son second voyage :

> Ils ont aussi une herbe de quoi ils font grand amas durant l'été pour l'hiver, laquelle ils estiment fort, et en usent les hommes seulement en la façon qui suit. Ils la font sécher et la portent à leur col, en une petite peau de bête, en lieu de sac, avec un cornet de pierre ou de bois. Puis, à toute heure, font poudre de ladite herbe et la mettent à l'un des bouts dudit cornet ; et mettent

> un charbon de feu dessus et sucent par l'autre bout, tant qu'ils s'amplent [s'emplissent] le corps de fumée, tellement qu'elle leur sort par la bouche et par les nazilles, comme par un tuyau de cheminée ; et disent que cela les tient sains et chaudement ; et ne vont jamais sans avoir cesdites choses. Nous avons éprouvé ladite fumée, après laquelle avoir mis dedans notre bouche, semble y avoir mis de la poudre de poivre, tant est chaude (*ibid.*, p. 161).

Sur un autre plan, alors que des voyageurs comme Léry, Lescarbot, Lejeune ou Sagard s'étonnent de voir les Amérindiens ne manifester aucun signe de leur gêne d'être nus (en tant que descendants d'Adam, ils devraient, comme celui-ci, avoir honte de leur nudité[12]), Champlain mentionne la chose comme si elle allait de soi pour un chrétien du début du XVIIe siècle :

> toutes les femmes et filles commencèrent à quitter leurs robes de peaux et se mirent toutes nues montrant leur nature, néanmoins parée de matachias, qui sont patenôtres et cordons entrelacés, faits de poil de porc-épic, qu'ils teignent de diverses couleurs. [...] Retourné qu'il fut à sa place, le grand sagamo avec tous ses compagnons dépouillèrent leurs robes, étant tout nus hormis leur nature, qui est couverte d'une petite peau, et prirent chacun ce que bon leur sembla, comme matachias, haches, épées, chaudrons, graisses, chair d'orignal, loup-marin, bref chacun avait un présent qu'ils allèrent donner aux Algonquins (p. 103-105).

Même l'anthropophagie amérindienne est présentée comme une nécessité naturelle liée à la survie :

> Tous ces peuples pâtissent tant quelquefois qu'ils sont presque contraints de se manger les uns les autres pour les grandes froidures et neiges, car les animaux et le gibier de quoi ils vivent se retirent aux pays plus chauds (p. 105).

Seuls l'intéressent le comportement et les paroles du chef, puisque les Français devront transiger avec lui. S'il échappe ici ou là un jugement plus vif (« bêtes brutes »), c'est comme par mégarde. L'être des Amérindiens se ramène à leurs qualités d'informateurs, de guides, d'interprètes de l'Amérique, à leur capacité de faciliter l'entreprise française. Tous les autres attributs, positifs ou négatifs, se rapportent à cette entreprise. S'ils ont en eux « une méchanceté », on la dirigera vers les Iroquois ; s'ils ont des croyances et des pratiques religieuses absurdes, on les convertira facilement ; s'ils risquent la famine, ils apprendront de nous la culture de la terre qui assurera leur survie.

Contrairement à celle des autres voyageurs, la présentation de l'Amérique par Champlain ne semble pas prise en charge par une instance subjective, capable de s'étonner ou de s'émouvoir : le regard prospectif glisse sur l'objet sans s'y attarder, ni noter les couleurs, les sensations tactiles, auditives ou gustatives ; les données spatiales se réduisent à leurs mensurations ou à quelques lignes schématiques. Même quand l'observateur veut signaler un danger, il ne quitte pas son masque d'objectivité, utilisant le passé simple pour décrire une succession de gestes sans surprise. Lorsqu'un autre temps narratif prend place, c'est habituellement qu'un obstacle se dresse sur la route, comme les rapides de Lachine qui ne permettent pas à Champlain d'aller plus loin: «qui les voudrait passer, il se faudrait accommoder des canots des Sauvages, qu'un homme peut porter aisément» (p. 147). Mais à peine posé, ce conditionnel hypothétique cède la place au futur quelques lignes plus loin: «en se gouvernant par le moyen desdits Sauvages et de leurs canots, l'on pourra voir tout ce qui se peut, bon et mauvais, dans un an ou deux».

Avec la fin de l'exploration, commence une enquête où la description cède le pas à l'extrapolation qui, à partir du vérifiable, élabore une cartographie hypothétique devant mener à la mer du Sud. Sur le plan narratif, l'extrapolation, tout en interrompant le récit, crée le suspense et construit en marge du récit principal un pararécit prospectif qui élargit considérablement l'espace diégétique; sur le plan de l'action, elle fait de l'observateur un stratège de la découverte en ce qu'il maîtrise suffisamment le présent pour élaborer des scénarios prospectifs et justifier une éventuelle demande de fonds pour reprendre l'exploration. Cette enquête de topographie imaginaire se poursuit sur trois temps: la demande d'information, la critique du témoignage et l'interprétation. Au chapitre IX, après avoir interrogé «deux ou trois Algonquins» pour tester des renseignements déjà obtenus sur «ladite rivière de Canada», Champlain conclut que les versions «ne se diffèrent que bien peu». De prime abord, cette confiance peut sembler surprenante envers des informateurs qu'il présentait au chapitre III comme «gens en qui il ne fait pas trop bon s'assurer, sinon qu'avec raison et la force à la main», parce qu'ils «promettent assez et tiennent peu» (p. 106). Mais en réalité, cette confiance demeure limitée à la cueillette d'informations géographiques passées au crible de la déduction logique et de sa propre observation sur le terrain. Après avoir interrogé plusieurs

Indiens et spéculé sur le reflux du lac et le sens du courant des rivières, il conclut: «Ce qui me fait croire que c'est la mer du Sud, étant salée comme ils disent; toutefois il n'y faut tant ajouter de foi, que ce ne soit avec raisons apparentes [certaines], bien qu'il y en ait quelque peu. Voilà au certain tout ce que j'ai vu ci-dessus et ouï dire aux Sauvages sur ce que nous les avons interrogés» (p. 151). La certitude ne porte pas sur l'objectivité des témoins, mais sur celle de l'interprète.

Si le *je* protagoniste de l'aventure exploratoire n'est pas affirmé, en revanche, le *je* locuteur prend toute la place quand Champlain interroge les Amérindiens sur leur religion. Défiant alors toute vraisemblance, il se met en scène, avec le grand chef montagnais, dans un long entretien sur la création du monde. Mais alors qu'il recevait comme plausibles les informations touchant le territoire, il rejette d'emblée tout ce que lui disent les Sauvages de leur religion. Aussi son échange verbal avec eux n'est-il pas un vrai dialogue, mais un débat conflictuel dont il prétend être sorti vainqueur puisqu'il emploie des verbes comme «je lui remontrai [démontrai] que», «je lui répliquai», avant de terminer sur la conclusion de son interlocuteur: «ledit sagamo me dit qu'il avouait [admettait] ce que je disais» (p. 110).

Bien loin d'être un hors-d'œuvre, cette discussion religieuse noue avec le Sauvage un dialogue qui durera jusqu'au-delà du XVIIIe siècle. En plaçant la rencontre comme conflictuelle et en la faisant porter sur la religion, Champlain pose déjà la rencontre avec le Sauvage en termes de valeurs antinomiques, irréconciliables: en 1603, la vérité ne peut se trouver que chez l'Européen; exactement un siècle plus tard, avec les *Dialogues* de Lahontan, elle viendra exclusivement de l'Amérindien. Aucune dialectique n'est possible.

Cette régression subite de l'objectif au profit d'une subjectivité délirante, reviendra curieusement dans les dernières pages, quand Champlain parlera des Armouchiquois et du monstre Gougou. Comme si l'irrationnel, le fabuleux, devait surgir coûte que coûte, sous forme de surnaturel, dans une explosion subite à la fin du récit:

> proche de la baie des Chaleurs, tirant au sud, est une île où fait résidence un monstre épouvantable, que les Sauvages appellent *Gougou*, et ils m'ont dit qu'il avait la forme d'une femme, mais fort effroyable et d'une telle grandeur qu'ils me disaient que le bout des mâts de notre vaisseau ne lui fût pas venu jusqu'à la ceinture, tant ils le peignent grand, et que souvent il a dévoré et dévore beaucoup de Sauvages, lesquels il met dans une grande poche quand il les peut attraper et puis les mange; et disaient, ceux qui avaient évité le péril de cette malheureuse bête, que sa poche était si grande qu'il y eût pu mettre notre vaisseau. Ce monstre fait des bruits horribles dans cette île, que les Sauvages appellent le *Gougou* (p. 183-184).

Mais cette irruption du monstre avait été précédée, au chapitre XII, d'une description des Armouchiquois, «lesquels sont hommes sauvages du tout [entièrement] monstrueux pour la forme qu'ils ont, car leur tête est petite et le corps court, les bras menus comme d'un squelette et les cuisses semblablement; les jambes grosses et longues, qui sont toutes d'une venue, et quand ils sont assis sur leurs talons, les genoux leur passent plus d'un demi-pied pardessus la tête, qui est chose étrange, et semblent être hors de nature» (p. 177). Sans doute le monstre permet-il de trouver un exutoire à l'émotion jusque-là retenue, à l'angoisse non exprimée. Lescarbot peut bien, en 1609, ridiculiser Champlain de «bailler» des «fables» comme cette «plaisante histoire» du monstre «*Gougou* qui fait peur aux petits enfants» (*Histoire de la Nouvelle-France*, 1609, p. 415). Champlain utilise ici les même procédures de véridiction que pour la topographie, quand il insiste pour faire confirmer le témoignage des Amérindiens par un Français. Au reste, on sera moins sévère pour Champlain, si l'on se rappelle que le jésuite rationaliste Charlevoix, cent quarante ans plus tard, ne rejettera pas complètement l'existence des monstres parce qu'on ne connaît pas «tous les caprices et tous les mystères de la nature» (*Histoire et description générale de la Nouvelle-France*, Paris, Nyon, 1744, t. I, p. 20[13]).

Notre texte

Nous avons établi ce texte sur l'exemplaire de l'édition originale conservé à la bibliothèque *John Carter Brown* de Providence (R. I.), sous la cote E 603 C 453d. Pour rendre le texte accessible à un public très large, nous l'avons divisé en paragraphes et avons modernisé l'orthographe, l'accentuation, les pronoms *icelui*, *icelle* (*celui-ci*, *celle-ci*), l'adjectif indéfini *chacun* (*chaque*) et les mots-outils comme *avant que de* (*avant de*), *ains* (*mais*), *si* (*pourtant*), *que* (*tellement que*, *alors que* ou *afin que*); nous avons éliminé le *en* après le pronom *dont*, de même que le redoublement du pronom personnel sujet ou de la conjonction *que* pour respecter l'usage du français contemporain. Nous avons parfois ajouté la particule négative et le pronom sujet que Champlain utilise parcimonieusement, surtout dans les énumérations. Les mots disparus du français moderne, ou dont le sens a changé, sont suivis d'un astérisque et répertoriés dans le glossaire.

Nous avons corrigé les fautes de typographie et avons rectifié pour les rendre compréhensibles quelques phrases incohérentes de l'édition 1603 ; chaque fois, nous l'avons signalé par une note. Nous avons aussi éliminé presque toutes les majuscules qu'on ne trouverait pas en français contemporain.

Nous avons uniformisé et modernisé la graphie des noms de tribus amérindiennes : nous avons remplacé *Algoumequin* par *Algonquin*, *Almouchiquois* par *Armouchiquois* ; *Montagnes*, *Montagnés*, *Montaignes*, *Montagnez* par *Montagnais*, qui apparaît pour la première fois en 1609, sur la carte de Lescarbot.

La ponctuation française de 1603 est très différente de la nôtre : la virgule, les deux-points et le point-virgule n'ont pas la même valeur qu'aujourd'hui ; la virgule ouvrante est souvent absente et les propositions en style direct sont amenées par la virgule ou le point-virgule, sans guillemets. Tout en restant assez près de la ponctuation originale, nous transformons ce qui risquait de provoquer contresens ou de gêner considérablement la lecture. Nos interventions les plus fréquentes portent sur le gommage de la virgule entre le sujet et le verbe et entre la principale et la complétive, et sur le remplacement de virgules et de deux-points par le point-virgule, et par l'introduction de deux-points et de guillemets pour marquer le style direct.

Nous avons constitué un index thématique et onomastique portant surtout sur la réalité amérindienne. En seront d'autant favorisées la lecture de Champlain et la comparaison avec d'autres textes ethnohistoriques comme *Le grand voyage du pays des Hurons* de Sagard, les *Relations* des Jésuites ou les *Œuvres* de Lahontan.

Pour l'identification des toponymes utilisés par Champlain, les éditions de Ch.-H. Laverdière et de H. P. Biggar nous ont été d'une grande utilité, mais nos propres recherches nous ont amenés à corriger certaines de leurs interprétations.

Enfin, pour éclairer ce texte fondateur de l'entreprise coloniale canadienne et pour le situer dans l'évolution de la démarche de Champlain, nous avons ajouté en appendice quelques pièces d'archives et deux textes postérieurs de Champlain : la reprise du texte de 1603 dans l'édition cumulative de 1632 et les lettres de 1618 au roi et à la chambre de commerce.

NOTES

1. Pour les pêches françaises au XVIe siècle et les débuts du commerce des fourrures, nous avons surtout utilisé les sources suivantes : James Axtell, « At the Water's Edge : Trading in the Sixteenth Century », dans *After Columbus. Essays in the Ethnohistory of Colonial North America*, New York, Oxford University Press, 1988, p. 144-181 ; S. Barkham, « The Basques : Filling a Gap in our History between Jacques Cartier and Champlain », *Canadian Geographical Journal*, vol. XCVI, nº 1, 1978, p. 8-20 ; S. Barkham, « A Note on the Strait of Belle Isle during the Period of Basque Contact with Indians and Inuit », *Études Inuit/Inuit Studies*, vol. IV, nos 1-2, 1980, p. 51-58 ; Henry P. Biggar, *The Early Trading Companies of New France*, New York, Argonaut Press, 1965 [1901], p. 18-50 ; James A. Tuck, « Basque Whalers in Southern Labrador, Canada », *Early European Exploitation of the Northern Atlantic, 800-1700, Proceedings of the International Symposium*, University of Groningen, Netherlands, 1981, p. 69-77 ; Bruce G. Trigger, *Les Indiens, la fourrure et les Blancs. Français et Amérindiens en Amérique du Nord*, Montréal et Paris, Boréal/Seuil, 1990, p. 167-228 ; Laurier Turgeon, « Pour redécouvrir notre XVIe siècle : les pêches à Terre-Neuve d'après les archives notariales de Bordeaux », *RHAF*, vol. XXXIX, nº 4, printemps 1986, p. 523-549 ; Laurier Turgeon, « Basque-Amerindian Trade in the Saint Lawrence during the Sixteenth Century : New Documents, New Perspectives », *Man in the Northeast*, nº 40, 1990, p. 81-87.

2. « La relation du voyage de la *Dauphine* (1524) », dans *Giovanni et Girolamo Verrazano, navigateurs de François Ier, Dossiers de voyages*, établis et commentés par Michel Mollat Du Jourdin et Jacques Habert, Paris, Imprimerie Nationale, 1982, p. 39. Le climat de méfiance qui entoure cet échange résulte peut-être de la nouveauté du contact. Mais il peut tout autant illustrer l'existence de relations antérieures, au cours desquelles les autochtones auraient développé leur méfiance à l'égard des Européens, qui n'hésitaient pas à cette époque à capturer des indigènes pour les ramener en Europe.

3. Gonzalo Fernández de Oviedo, *Sumario de la natural y general istoria de las Indias,* 1526, dans David B. Quinn, *New American World*, vol. I, p. 273.
4. Les recherches archéologiques sur les sites amérindiens du XVIe siècle permettront peut-être d'établir avec plus de précision l'importance respective des traiteurs basques, malouins et normands dans le troc avec les Amérindiens de la vallée du Saint-Laurent à cette époque. Jusqu'à maintenant, ces recherches tendent à montrer la prépondérance des marchandises basques, mais les travaux sont encore trop fragmentaires pour déboucher sur une conclusion définitive.
5. « On a vieilli Champlain », *RHAF*, vol. XXXII, n° 2, 1978, p. 229-237.
6. *Traité de la marine et du devoir d'un bon marinier*, p. 2.
7. Cette formule, empruntée à Cartier, rend bien le caractère aléatoire et limité de la perception.
8. Voir les réflexions d'André Berthiaume sur l'importance des perceptions visuelles chez Cartier et les penseurs de la Renaissance dans *La découverte ambiguë*, p. 93-99.
9. *Le miroir d'Hérodote. Essai sur la représentation de l'autre*, Paris, Gallimard, 1980, p. 271-282.
10. Sur cette question, voir le chapitre « Analogies » du livre d'André Berthiaume, *La découverte ambiguë*, p. 53-75.
11. *Relation* de 1632 (*JR*, vol. V, p. 22-24) : « il me semblait, les voyant entrer dans la chambre de notre capitaine, où j'étais pour lors, que je voyais ces masques qui courent en France à Carême-prenant. Il y en avait qui avaient le nez peint en bleu, les yeux, les sourcils, les joues peintes en noir, et le reste du visage en rouge ; [...] et ces couleurs sont vives et luisantes comme celles de nos masques ; d'autres avaient des raies noires, rouges et bleues, tirées des oreilles à la bouche ; d'autres étaient tout noirs hormis le haut du front et les parties voisines des oreilles et le bout du menton, si bien qu'on eût vraiment dit qu'ils étaient masqués. Leur couleur naturelle est comme celle de ces gueux de France qui sont demi-rôtis au soleil, et je ne doute point que les sauvages ne fussent très blancs, s'ils étaient bien couverts. De dire comme ils sont vêtus, il est bien difficile [...]. J'en ai

vus de vêtus de peau d'ours, justement comme on peint saint Jean-Baptiste. [...] Il y en a de vêtus entièrement, ils ressemblent tous à ce philosophe de la Grèce qui ne portait rien sur soi qu'il n'eût fait. »

12. Pour un rappel de cette honte, consécutive à la faute originelle, voir : Jean de Léry, *Histoire d'un voyage fait en la terre du Brésil*, Genève, Antoine Chuppin, 2e éd., 1580, ch. 8 ; Lescarbot, *Histoire de la Nouvelle-France*, Paris, Jean Milot, 1609, L. VI, ch. 9 ; d'Abbeville, *Histoire de la mission des Pères capucins en l'Isle de Maragnan et terres circonvoisines*, Paris, François Huby, 1614, ch. 46. Peut-être l'attitude de Champlain s'explique-t-elle ici par le fait qu'il écrit son texte dans le sillage de Cartier ; celui-ci, non féru de culture biblique, mentionnait la nudité comme allant de soi chez les Sauvages. Il en ira bien autrement chez Lescarbot, par exemple, dont les souvenirs de la Bible et des auteurs anciens affleurent à tout moment.

13. Dans sa bibliographie commentée intitulée « Liste des auteurs » et reproduite à la fin du t. III, Charlevoix reprendra le reproche de Lescarbot : « On ne peut lui reprocher qu'un peu trop de crédulité pour les contes qu'on lui faisait... », mais ajoutera aussitôt : « ... ce qui ne l'a pourtant jeté dans aucune erreur importante. D'ailleurs ses Mémoires sont excellents pour le fond des choses, et pour la manière simple et naturelle dont ils sont écrits. Il n'a presque rien dit qu'il n'ait vu par lui-même, ou que sur des relations originales de personnes sûres [...] » (p. XLVI-XLVII).

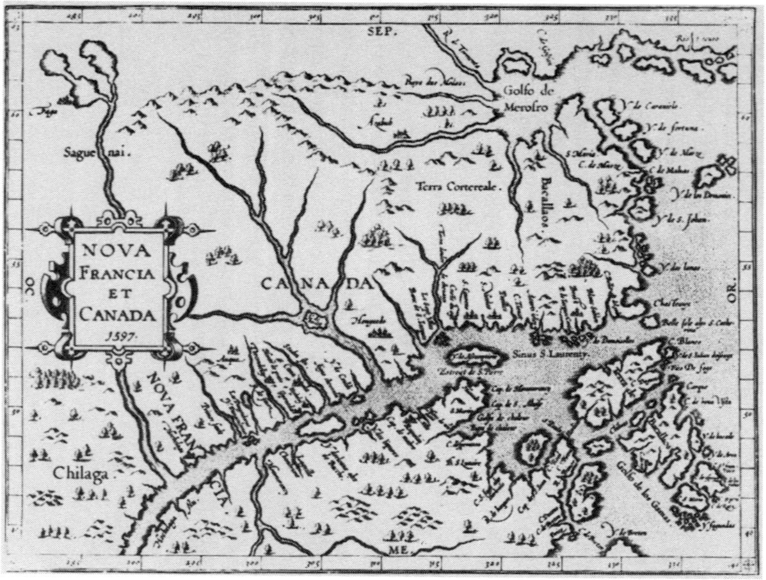

Carte de la Nouvelle-France publiée par Cornelius Wytfliet, en 1597, dans *Descriptionis Prolemaicæ Argumentum* (Université McGill, « Rare Books and Special Collections » et Université Laval, ressources pédagogiques).

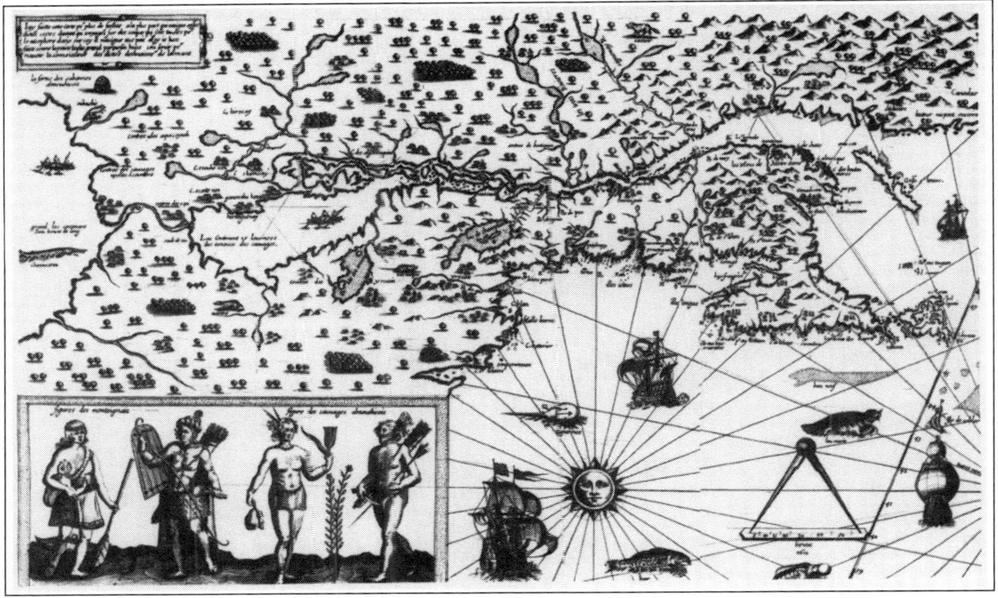

Carte de la Nouvelle-France tirée des *Voyages* de Champlain, publiés en 1613 (Université Laval, bibliothèque et ressources pédagogiques).

CHRONOLOGIE

1492-1493 Parti le 3 août de Palos, en Andalousie, pour trouver par l'Atlantique une route vers les Indes, Christophe Colomb aborde San Salvador (une île des Bahamas) le 12 octobre, puis Cuba, le 27 octobre, et Hispaniola (Haïti), le 6 décembre ; il rentre à Palos le 15 mars 1493 après avoir perdu un de ses trois navires et laissé sur l'île 39 de sa centaine d'hommes.

1497-1498 Le navigateur italien Giovanni Caboto, établi à Bristol vers 1490 et cherchant à trouver pour l'Angleterre une voie maritime septentrionale vers la Chine, aborde un territoire qu'il dénomme « *Prima Tierra Vista* » (peut-être Terre-Neuve ou le Labrador) en 1497, puis explore l'année suivante, avec son fils Sebastiano, les côtes du Groenland, du Labrador et de la Nouvelle-Angleterre ; il meurt vraisemblablement au cours de cette seconde expédition.

1500 Le navigateur portugais Cabral prend possession du Brésil.

1500-1502 Au moment où Colomb effectue son quatrième et dernier voyage, les frères Corte

Real, navigateurs portugais, explorent la côte est du continent nord-américain; ils longent Terre-Neuve et pénètrent probablement le golfe du Saint-Laurent.

1504 Des pêcheurs bretons, basques et normands pêchent la morue sur les bancs de Terre-Neuve.

1508-1509 Le navigateur dieppois Jean Aubert, parti pour un voyage de pêche et d'exploration à Terre-Neuve, ramène à Rouen sept Beothuks: ce sont les premiers Amérindiens conduits en France avec leurs vêtements, leurs armes et un canot.

Sebastiano Caboto franchit le cercle polaire, à la recherche d'un passage vers l'Asie par le nord de l'Amérique.

1513 Le conquistador espagnol Ponce de Leon découvre la Floride.

1519-1522 Le navigateur portugais Magellan commence son voyage autour du monde, mais sera tué aux Philippines dans un combat contre les indigènes; en contournant l'Afrique pour revenir en Espagne, son compagnon Sebastian el Cano montrera que la terre est ronde et que l'Amérique est un continent différent de l'Asie.

1519-1521 Le conquistador espagnol Cortez débarque au Mexique, conquiert l'Empire aztèque et fonde Veracruz.

1520-1521 D'après de Souza, le navigateur portugais Fagundes aurait établi une colonie portugaise au Cap-Breton.

1521 Les Portugais commencent à coloniser le Brésil.

1524-1529 Financés par des banquiers de Lyon, les frères Giovanni et Girolamo da Verrazano, cherchant une route plus courte vers l'Asie, explorent en 1524 la côte est américaine, de la Floride à Terre-Neuve. Une seconde expédition, sous le patronage de François Ier, explore en 1528 la Floride, les îles Bahamas et les Petites Antilles; le frère aîné y aurait été dévoré par des Indiens caraïbes. Un an plus tard, Girolamo se rend sur la côte du Brésil pour prendre un chargement de bois de teinture et revient en Italie, après avoir longé l'Égypte. Sa carte du monde consigne pour la première fois le toponyme «Nova Franca».

1528 Le navigateur espagnol Alvaro Nunez explore la Floride.

1531-1537 Le conquistador espagnol Pizarro conquiert l'Empire inca du Pérou pour la couronne d'Espagne.

1534 Premier voyage au Canada de Jacques Cartier, chargé par François Ier de trouver une route vers l'Asie et de «découvrir certaines îles et pays où l'on dit qu'il se doit trouver grande quantité d'or et autres riches choses». Il longe la côte occidentale de Terre-

Neuve, les îles de la Madeleine, l'Île-du-Prince-Édouard, la baie des Chaleurs, fait escale à Gaspé où il rencontre des indigènes, puis s'en retourne en France sans avoir reconnu l'entrée du fleuve Saint-Laurent.

Rabelais publie son *Gargantua*.

1535-1536 Second voyage de Cartier qui remonte le Saint-Laurent jusqu'à Hochelaga (Montréal) et découvre ses principaux affluents : le Saguenay, le Saint-Maurice, le Richelieu. Il hiverne à Stadaconé, où 25 de ses 110 hommes meurent du scorbut.

1537 Promulgation par le pape Paul III de la bulle *Sublimis Deus*, qui affirme que les Sauvages, « étant vraiment des hommes, sont aptes à recevoir la foi chrétienne ».

1541-1543 Troisième voyage de Cartier, sous l'autorité du « lieutenant général » du roi, le protestant La Rocque de Roberval. Vers la fin de l'hiver 1541-1542, contre les ordres de son chef, il retourne précipitamment en France avec un chargement qu'il croit d'or et de diamants, mais qui se révèle finalement de pyrite de fer et de quartz (« faux comme les diamants du Canada »). Roberval rentre en France en 1543 sans avoir ajouté aux découvertes de Cartier.

1545 Publication anonyme du second *Voyage* de Cartier sous le titre *Bref récit et succincte narration de la navigation faite dans les îles de Canada, Hochelaga, Saguenay et autres.*

1545-1565 Développement rapide de l'armement dans les ports français pour la pêche à la morue et la chasse à la baleine aux « terres neuves ».

1550 Henri II et Catherine de Médicis assistent à Rouen à une « fête brésilienne » au cours de laquelle 50 Indiens tupinambas dansent et miment un conflit guerrier entre nations rivales, qui se termine grâce à l'intervention de marchands rouennais.

1555-1560 Le navigateur Villegagnon établit au Brésil une colonie protestante, « la France antartique », que les Portugais anéantiront en 1560, après d'incessants conflits entre protestants et catholiques français.

1556 Publication, par Ramusio, d'une version italienne des deux premiers *Voyages* de Cartier, dans *Terzo volume delle navigationi e viaggi.*

1557 André Thevet, qui avait participé à l'expédition de Villegagnon au Brésil, publie à Paris *Les singularités de la France antartique.*

1558 En Angleterre, mort de Marie Tudor et avènement d'Élisabeth Ire.

1562 Début des guerres de religion en France.

1562-1565 Envoyés par l'amiral Coligny pour fonder une colonie de protestants persécutés sur la côte orientale de l'Amérique du Nord, Ribault et Laudonnière s'installent en Caroline et en Floride. En 1565, après de multiples séditions et violences entre Français, les

	troupes espagnoles de Menéndez de Avilès détruisent les établissements français et massacrent presque tous les protestants. En 1567-1568, Dominique de Gourgues, à l'insu de Catherine de Médicis, entreprendra une expédition de représailles contre certains forts espagnols en Floride.
1563	Publication à Londres, en traduction anglaise, du premier voyage de Ribault : *The Whole and True Discoverye of Terra Florida.*
1566	Le charpentier Le Challeux, qui avait participé à l'équipée floridienne, publie son *Discours de l'histoire de la Floride.*
1567	Fondation de Rio de Janeiro par les Portugais.
1567-1570	Période présumée de la naissance de Champlain à Brouage ; on n'en connaît pas le lieu et on ne sait pas s'il est né catholique ou protestant.
1572	Massacre de la Saint-Barthélemy, qui fit 3000 victimes, dont l'amiral Coligny.
1576-1578	Cherchant une voie maritime vers l'Asie par le nord de l'Amérique, l'explorateur anglais Martin Frobisher longe le Groenland, le Labrador et la terre de Baffin.
1577-1581	Au cours de son voyage autour du monde, le navigateur anglais Francis Drake prend possession de la Californie, qu'il dénomme « Nouvelle-Albion ».

1578 Expédition infructueuse vers l'Amérique de l'explorateur anglais Humphrey Gilbert.

Le pasteur protestant Jean de Léry, qui avait participé à l'expédition de Villegagnon, publie à Genève son *Histoire d'un voyage fait en la terre de Brésil.*

1579 Publication, à Bordeaux, du premier « Routier » de Terre-Neuve et du golfe du Saint-Laurent : les *Voyages aventureux du capitaine Martin de Hoyorsabal.*

1580 Publication, par Florio, d'une version anglaise du premier *Voyage* de Cartier.

1580-1590 Martin de Hoyorsabal arme à Bordeaux plusieurs navires pour la chasse à la baleine et la traite des fourrures au « Canada ».

1583 Humphrey Gilbert aborde Terre-Neuve avec cinq navires et prend possession de l'île, au nom de la couronne d'Angleterre ; voulant retourner en Angleterre après avoir exploré la région, il meurt en mer pendant une violente tempête.

1584-1590 Walter Raleigh tente vainement d'établir une colonie anglaise en Virginie. Le fameux dessinateur John White fait partie de l'expédition.

1586 Basanier publie à Paris l'*Histoire notable de la Floride située dans les Indes occidentales* de René de Laudonnière.

1590 Le jésuite espagnol José de Acosta publie à Séville sa célèbre *Historia natural y moral de las Indias*, qui sera traduite en français en 1598.

1598-1603 Henri IV nomme le marquis Mesgouez de La Roche lieutenant général des pays de Canada, Terre-Neuve, Labrador et Norembègue, et lui accorde le monopole des fourrures. La Roche s'embarque avec dix soldats et quarante « gueux et mendiants » pour l'île de Sable, au large de la Nouvelle-Écosse, où il construit un magasin et des habitations. Après une révolte et le pillage des magasins, les onze colons survivants sont rapatriés en France en 1603.

1598 L'éditeur rouennais Raphaël du Petit-Val publie la première édition en français du premier voyage de Cartier d'après la version italienne de Ramusio.

Pour atténuer les querelles religieuses, Henri IV promulgue l'édit de Nantes, qui restitue aux protestants leurs droits civiques, leur accorde partiellement la liberté de culte et leur permet d'exercer des charges publiques. Les ports protestants poursuivent plus librement le commerce d'outre-mer.

1599 Partageant le monopole de La Roche, Henri IV permet au marchand huguenot Pierre Chauvin de trafiquer « au pays de Canada, côte de l'Acadie et autres de la Nouvelle-France ».

1600 Publication, par Hakluyt, d'une version anglaise incomplète du troisième *Voyage* de Cartier.

Accompagné du marchand catholique Gravé du Pont et du huguenot Du Gua de Monts, Pierre Chauvin s'embarque sur l'un des quatre navires qu'il a affrétés pour une expédition sur le Saint-Laurent; il construit une «habitation» à Tadoussac et y laisse seize hommes, dont cinq seulement survivront à l'hiver. Tadoussac «demeurera pendant trente ans le seul port maritime du Saint-Laurent» (Trudel).

1601 La carte de Levasseur consigne les toponymes île *Bonaventure*, *Trois-Rivières* et *Québec*.

1602 Sans avoir obtenu l'autorisation des autorités britanniques, Bartholomew Gosnold débarque avec trente-deux hommes sur la côte du Maine; il longe Cape Cod et va construire une habitation sur l'île «Élisabeth» (Cuttyhunk), dans la baie de Newport; à la suite de mésententes, tout le monde rentre en Angleterre.

1603 À la mort de Chauvin, Henri IV concède le monopole de celui-ci au commandeur catholique Aymar de Chaste, qui envoie en Amérique deux navires sous la conduite de Gravé du Pont. De Chaste invite Samuel de Champlain à faire partie de l'expédition pour «voir ce pays et ce que les entrepreneurs y feraient». Partis le 15 mars, les navires toucheront Tadoussac le 26 mai. Pendant la traite, Champlain remonte le Saguenay sur une soixantaine de kilomètres. Le 18 juin, il accompagne Gravé vers Hochelaga (Montréal), où l'exploration s'arrête aux rapides de Lachine. Champlain rencontre le marchand

	malouin Sarcel de Prévert, qui lui donne des renseignements sur les mines qui se trouveraient en Acadie. On rentre en France le 20 septembre.
	Samuel de Champlain publie *Des Sauvages* vers la fin de l'année.
1604-1607	Exploration, par Champlain, de Monts et Poutrincourt, de la côte est américaine jusqu'à Cape Cod (au sud-est de Boston) et recherche d'un site propice à l'implantation d'une colonie ; construction d'une « habitation » en Acadie, sur la rivière Sainte-Croix en 1604, à Port-Royal en 1605. Hivernements difficiles en raison du scorbut qui décime les hommes restés à Sainte-Croix et à Port-Royal.
1606	L'avocat Marc Lescarbot arrive à Port-Royal et y monte un spectacle intitulé le *Théâtre de Neptune*.
1606-1607	En décembre, 105 colons anglais descendent dans la baie de Chesapeake, où ils fonderont Jamestown ; en août 1607, 45 colons anglais s'installent sur la rivière Kennebec en Acadie pour y hiverner.
1607	Avec la révocation du monopole de De Monts, les Français doivent abandonner Port-Royal et rentrer en France.
1608-1609	De retour en Nouvelle-France, Champlain construit l'« habitation » de Québec ; seulement neuf des vingt-cinq hommes survivent à l'hivernement. Avec des Hurons et des

Montagnais, il participe à une escarmouche contre les Iroquois.

1609 Lescarbot publie la première édition de son *Histoire de la Nouvelle-France.*

1610 Assassinat de Henri IV par Ravaillac.

1610-1613 Trois autres séjours de Champlain en Nouvelle-France. En 1610, il prend part de nouveau à un combat contre les Iroquois. De retour en France, il épouse Hélène Boullé, âgée de 11 ans. Cherchant des missionnaires pour le Canada, Champlain s'adresse aux jésuites, puis aux récollets de Brouage, qui le recommandent au P. Jacques Garnier de Chapouin, custode (supérieur) des récollets à Paris. En 1613, il remonte l'Outaouais jusqu'à la chute de la Chaudière. De retour en France, il publie ses *Voyages* qui relatent ses six séjours au Canada entre 1604 et 1613.

1612-1614 La Ravardière et les frères Razilly tentent à nouveau, mais en vain, d'implanter une colonie française au Brésil, dans la baie de Maranhâo : la « France Équinoxiale ».

1614 Le religieux Claude d'Abbeville publie à Paris son *Histoire de la mission des Pères capucins en l'île de Maragnan.*

1615-1616 Champlain hiverne en Huronie, puis est blessé dans une escarmouche contre les Iroquois.

Le capucin Yves d'Évreux publie à Paris *La suite de l'histoire des choses les plus mémorables advenues en Maragnan dans les années 1613 et 1614* ; le livre est lacéré lorsque Louis XIII épouse la fille du roi d'Espagne, Anne d'Autriche.

1618 Avant de retourner pour son neuvième séjour en Nouvelle-France, Champlain adresse des mémoires au roi et à la chambre du commerce, dans lesquels il dresse un large programme de colonisation commerciale et propose de faire de Québec un poste de douane entre l'Asie et la France. Le 9 février, la chambre recommande au roi que Champlain et ses associés gardent le monopole du commerce de pelleteries (« privativement à tout autre »), à condition d'y installer 300 familles par année et d'y envoyer 300 soldats.

1619 Champlain publie ses voyages en Huronie.

1620-1624 Disputes continuelles à Québec, où il est difficile de maintenir le monopole commercial et l'autorité de Champlain, qui rentre en France en 1624.

1622 Création, à Rome, de la *Sacra Congregatio de propaganda fide*, pour la diffusion du catholicisme chez les païens et les hérétiques.

1626-1629 En 1626, Champlain revient au Canada. Un an plus tard, Richelieu fonde la Compagnie des Cent-Associés, chargée d'assurer le peuplement de la Nouvelle-France. Quand les frères Kirke occupent Québec en 1629, Champlain doit quitter le Canada avec les missionnaires récollets et jésuites.

1632 Le 29 mars, le traité de Saint-Germain-en-Laye rend Québec à la France. Le récollet Sagard publie son *Grand voyage du pays des Hurons*, avec un *Dictionnaire de la langue huronne*. Le 28 août, le jésuite Paul Lejeune signe sa première *Relation*, publiée l'année suivante, inaugurant ainsi la célèbre série annuelle. Champlain publie une rétrospective de ses *Voyages*.

1633 Richelieu renouvelle la charge de Champlain, qu'il avait d'abord voulu passer à Isaac de Razilly.

Abjuration de Galilée devant le tribunal de l'Inquisition.

Relation de la reprise de Québec, publiée dans le *Mercure français*.

1635 Le jésuite Jean de Brébeuf prépare la première *Relation* du pays des Hurons, annexée par Lejeune à la *Relation* annuelle publiée l'année suivante. Champlain meurt à Québec le 25 décembre.

1636 Sagard publie son *Histoire du Canada*. Montmagny devient gouverneur et lieutenant général de la Nouvelle-France.

DES SAUVAGES
OU
VOYAGE DE SAMUEL CHAMPLAIN, DE BROUAGE

fait en la France nouvelle,
l'an mille six cent trois

CONTENANT

Les mœurs, façon de vivre, mariages, guerres et habitations des Sauvages de Canada. De la découverte de plus de quatre cent cinquante lieues* dans le pays des Sauvages[1]. Quels peuples y habitent, des animaux qui s'y trouvent, des rivières, lacs, îles et terres, et quels arbres et fruits elles produisent. De la côte d'Arcadie[2], des terres que l'on y a découvertes et de plusieurs mines qui y sont, selon le rapport des Sauvages.

* Les termes suivis d'un astérisque sont répertoriés dans le glossaire à la fin de l'ouvrage.

EXTRAIT DU PRIVILÈGE

Par privilège du roi donné à Paris le 15 de novembre 1603, signé Brigard.

Il est permis au sieur de Champlain de faire imprimer par tel imprimeur que bon lui semblera un livre par lui composé, intitulé *Des Sauvages, ou Voyage du Sieur de Champlain*, fait en l'an 1603, et sont faites défenses à tous libraires et imprimeurs de ce royaume de n'imprimer, vendre et distribuer ledit livre, si ce n'est du consentement de celui qu'il aura nommé et élu, à peine de cinquante écus d'amende, de confiscation et de tous dépens, ainsi qu'il est plus amplement contenu audit privilège.

Ledit sieur de Champlain, suivant sondit privilège, a élu et permis à Claude de Monstr'œil, libraire en l'Université de Paris, d'imprimer le susdit livre, et lui a cédé et transporté sondit privilège, sans que nul autre le puisse imprimer ou faire imprimer, vendre et distribuer, durant le temps de cinq années, sinon du consentement dudit Monstr'œil, sur les peines contenues audit privilège.

[ÉPÎTRE]
À

très noble, haut et puissant seigneur, Messire Charles de Montmorency[3], chevalier des Ordres du roi, seigneur de Damville et de Méru, comte de Segondigny, vicomte de Melun, baron de Châteauneuf et de Gonnort, amiral de France et de Bretagne.

Monseigneur,

Bien que plusieurs aient écrit quelque chose du pays de Canada, je n'ai voulu pourtant m'arrêter à leur dire et ai expressément été sur les lieux pour pouvoir rendre fidèle témoignage de la vérité, laquelle vous verrez (s'il vous plaît) au petit discours que je vous adresse, lequel je vous supplie d'avoir pour agréable et, ce faisant, je prierai Dieu, Monseigneur, pour votre grandeur et prospérité, et demeurerai toute ma vie,

Votre très humble et obéissant serviteur

S. Champlain

LE SIEUR DE LA FRANCHISE

au discours du sieur de Champlain

Muses, si vous chantez, vraiment je vous conseille
Que vous louiez Champlain, pour être courageux :
Sans crainte des hasards, il a vu tant de lieux,
Que ses relations nous contentent l'oreille.
Il a vu le Pérou, Mexique[4] et la merveille
Du Vulcain infernal[5] qui vomit tant de feux,
Et les sauts* Mocasans[6], qui offensent les yeux
De ceux qui osent voir leur chute nonpareille.
Il nous promet encore de passer plus avant,
Réduire les gentils et trouver le Levant,
Par le Nord ou le Sud, pour aller à la Chine.
C'est charitablement tout pour l'amour de Dieu.
Fi des lâches poltrons qui ne bougent d'un lieu !
Leur vie, sans mentir, me paraît trop mesquine.

DE LA FRANCHISE

NOTES

1. Distance largement exagérée, puisque 450 lieues font un peu plus de 2000 kilomètres et que Champlain ne put franchir les rapides de Lachine près de Montréal. Mais l'auteur fait sans doute allusion à la région des Grands Lacs dont ses informateurs amérindiens lui ont parlé. Le ton hyperbolique de ce titre vient de son caractère publicitaire.
2. La graphie *Arcadie* est un souvenir de cette région mythique de l'ancienne Grèce, célébrée par les poètes comme le séjour du bonheur pastoral sans nuages: le poète italien Sannazar avait publié en 1502 son poème *L'Arcadie*, maintes fois réédité, traduit, imité et commenté pendant le XVIe siècle. D'après Marcel Trudel (*HNF*, p. 62-63), Verrazano utilisa d'abord le terme en 1524 pour désigner une région boisée de la Virginie; les cartographes du XVIe siècle déplacent ensuite le toponyme vers le nord-est; à la fin du XVIIe siècle, l'on hésite pendant quelques années entre *Arcadie* et *Acadie.* Après 1603, Champlain n'utilisera plus la graphie *Arcadie.*
3. Membre d'une des plus influentes familles de France, Charles de Montmorency (1537-1612) était le troisième fils du connétable Anne de Montmorency, qui fut le principal conseiller de François Ier et qui joua un rôle important sous Henri II et Charles IX. Charles de Montmorency porta d'abord le titre de Méru avant de prendre celui de baron de Damville, en 1579. Sa nomination au poste d'amiral de France et de Bretagne remontait à 1596. À sa mort en 1612, il sera remplacé par son neveu, Henri, duc de Montmorency (1595-1632), avec qui les historiens de la Nouvelle-France le confondent parfois.
4. Sur le voyage de Champlain dans les colonies espagnoles, voir l'Introduction, p. 29-31.
5. Vulcain, le dieu du feu, de la foudre et du métal, avait ses forges dans les îles Lipari et sous le volcan Etna.
6. Les sauts Mocasans sont difficiles à identifier puisque, selon le jésuite Biard, le toponyme *Mocosa* désignait à l'époque un large territoire de la côte est nord-américaine: «La Virginie est le continent de terre que les anciens appelaient Mocosa, entre la

Floride et la Nouvelle-France, sur les 36, 37 et 38 degrés d'élévation» (*Relation* de 1616, *JR*, vol. III, p. 274; sur l'explorateur Mocoso, voir L. Campeau, *Monumenta Novæ Franciæ*, Québec, Les Presses de l'Université Laval, t. I, 1967, p. 569).

DES SAUVAGES, OU VOYAGE DU SIEUR DE CHAMPLAIN, FAIT EN 1603

CHAPITRE I

Bref discours où est contenu le voyage depuis Honfleur en Normandie, jusqu'au port de Tadoussac en Canada

Nous partîmes de Honfleur le 15e jour de mars 1603. Cedit jour, nous relâchâmes à la rade du Havre-de-Grâce, pour* n'avoir pas le vent favorable. Le dimanche suivant, 16e jour dudit mois, nous mîmes à la voile pour faire notre route. Le 17e suivant, nous eûmes la vue d'Aurigny et Guernesey, qui sont des îles entre la côte de Normandie et l'Angleterre. Le 18e dudit mois, nous eûmes la connaissance de la côte de Bretagne. Le 19e, nous faisions état à sept heures du soir être le travers* d'Ouessant. Le 21e, à sept heures du matin, nous rencontrâmes sept vaisseaux flamands qui, à notre jugement, venaient des Indes. Le jour de Pâques, 30e dudit mois, nous fûmes contrariés d'une grande tourmente, qui paraissait être plutôt foudre que vent,

Grande tourmente

qui dura l'espace de dix-sept jours, mais non si grande qu'elle avait fait les deux premiers jours ; et durant cedit temps, nous eûmes plus de déchet* que d'avancement. Le 16e jour d'avril, le temps commença à s'adoucir, et la mer plus belle qu'elle n'avait été avec contentement d'un chacun, de façon que nous continuâmes notredite route jusqu'au 28e jour dudit mois quand nous rencontrâmes une glace fort haute. Le lendemain, nous eûmes connaissance d'un banc de glace qui durait plus de huit lieues de long, avec une infinité d'autres moindres, qui fut l'occasion* que nous ne pûmes passer ; et à l'estime du pilote, lesdites glaces étaient à quelque cent ou cent vingt lieues de la terre de Canada, et nous étions par les 45 degrés 2/3, et vînmes trouver passage par les 44. Le 2e de mai nous entrâmes sur le banc à onze heures du jour par les 44 degrés 1/3. Le 6e dudit mois nous vînmes si proche* de terre que nous oyions* la mer battre à la côte ; mais nous ne la pûmes reconnaître pour* l'épaisseur de la brume dont cesdites côtes sont sujettes, ce qui fut cause que nous nous mîmes* à la mer encore quelques lieues, jusqu'au lendemain matin, quand nous eûmes connaissance de terre d'un temps assez beau, qui était le cap de Sainte-Marie. Le 12e jour suivant, nous fûmes surpris d'un grand coup de vent qui dura deux jours.

Rencontre de plusieurs grandes glaces

Cap de Sainte-Marie

Îles de Saint-Pierre

Le 15e dudit mois, nous eûmes connaissance des îles de Saint-Pierre[1]. Le 17e suivant, nous rencontrâmes un banc de glace près du cap de Raie, qui contenait* six lieues, qui fut occasion* que nous amenâmes* toute la nuit, pour éviter le danger où nous pouvions courir. Le lendemain, nous mîmes* à la voile et eûmes connaissance du cap de Raie et îles de Saint-Paul et cap de Saint-Laurent qui est terre ferme à la bande* du sud ; et dudit cap de Saint-Laurent jusqu'audit cap de Raie, il y a dix-huit lieues, qui est la largeur de l'entrée de la grande baie de Canada. Cedit jour sur les dix heures du matin, nous rencontrâmes une autre glace qui contenait* plus de huit lieues de long. Le 20e dudit mois, nous eûmes connaissance d'une île qui a quelque 25 ou 30 lieues de long, qui s'appelle Anticosti, qui est l'entrée de la rivière de Canada[2]. Le lendemain, nous eûmes connaissance de Gaspé, terre fort haute, et commençâmes à entrer dans ladite rivière de Canada, en rangeant* la bande* du sud jusqu'à Matane, où il y a dudit Gaspé 65 lieues. Dudit Matane, nous vînmes prendre connaissance du Bic, où il y a vingt lieues, qui est à ladite bande du sud ; dudit Bic, nous traversâmes la rivière jusqu'à Tadoussac[3], où il y a 15 lieues. Toutes cesdites terres sont fort haut élevées, [et] sont stériles, n'apportant aucune commodité.

Cap de Raie

Îles de Saint-Paul

Cap de Saint-Laurent

Anticosti

Gaspé

Matane

Tadoussac

Terres fort hautes et mauvaises

Port de Tadoussac et sa description

Le 24e dudit mois, nous vînmes mouiller l'ancre devant Tadoussac et, le 26e, nous entrâmes dans ledit port, qui est fait comme une anse à l'entrée de la rivière du Saguenay, où il y a un courant d'eau et marée fort étrange, pour* sa vitesse et profondité, où quelquefois il vient des vents impétueux à cause de la froidure qu'ils amènent avec eux. L'on tient que ladite rivière a quelque 45 ou 50 lieues jusqu'au premier saut*[4], et vient du côté du nord-nord-ouest; ledit port de Tadoussac est petit, où il ne pourrait [entrer] que dix ou douze vaisseaux; mais il y a de l'eau assez à l'est à l'abri de ladite rivière de Saguenay le long d'une petite montagne qui est presque coupée de la mer; le reste ce sont montagnes haut élevées, où il y a peu de terre, sinon rochers et sables remplis de bois de pins, cyprès, sapins, boulles*, et quelques manières* d'arbres de peu[5]; il y a un petit étang proche* dudit port renfermé* de montagnes couvertes de bois. À l'entrée dudit port, il y a deux pointes, l'une du côté de l'ouest contenant une lieue* en mer, qui s'appelle la pointe de Saint-Mathieu[6], et l'autre du côté du sud-est, contenant* un quart de lieue, qui s'appelle la pointe de Tous-les-Diables: les vents du sud et sud-sud-est et sud-sud-ouest* frappent dedans ledit port. Mais de la pointe de Saint-Mathieu jusqu'à ladite pointe de Tous-les-Diables, il y a près d'une lieue; l'une et l'autre pointe assèche* de basse mer.

NOTES

1. Les îles Saint-Pierre-et-Miquelon, au large de la côte méridionale de Terre-Neuve. Entre Saint-Pierre-et-Miquelon et « la grande baie de Canada » (le golfe Saint-Laurent), Champlain mentionne les lieux suivants : le cap Ray (Terre-Neuve), l'île Saint-Paul et le cap Saint Lawrence en Nouvelle-Écosse.
2. Le fleuve Saint-Laurent.
3. Le toponyme Tadoussac apparaît pour la première fois en 1550 dans *Le grand Insulaire* de Thevet sous la forme « Thadoyseau ». En 1599-1600, la carte de Hakluyt-Wright donne « Tadouscu » et celle de Levasseur, en 1601, « Tadoucaq » (*HNF*, p. 240). Champlain reprendra cette description de Tadoussac dans ses *Voyages* de 1613, L. II, ch. 1 ; il reprendra aussi, avec quelques corrections, le passage sur le Saguenay (L. II, ch. 2). Pour comprendre cette fascination du Saguenay, il faut rappeler un passage du second voyage de Cartier, dans lequel il raconte que le chef Donnacona lui « a certifié avoir été à la terre du Saguenay, où il y a [à l']infini, or, rubis et autres richesses » (*Relations*, p. 176).
4. À la hauteur de Chicoutimi.
5. Dans sa seconde relation, Cartier écrivait : « y a une rivière fort profonde et courante qui est la rivière et chemin du royaume et terre du Saguenay ainsi que nous a été dit par nos hommes du pays de Canada. Et est cette rivière entre hautes montagnes de pierre nue sans y avoir que peu de terre. Ce nonobstant y croît grande quantité d'arbres et de plusieurs sortes qui croissent sur ladite pierre nue comme sur bonne terre de sorte que y avons vu tel arbre suffisant à mâter navire de trente tonneaux aussi vert qu'il soit possible lequel était sur un roc sans y avoir aucune saveur de terre » (*Relations*, p. 135).
6. La Pointe-aux-Alouettes ; la pointe de Tous-les-Diables est devenue la Pointe-aux-Vaches.

Faune et flore canadiennes représentées sur une carte accompagnant les *Voyages* de Champlain en 1613 (Université Laval, bibliothèque et ressources pédagogiques).

CHAPITRE II

Bonne réception faite aux Français par le grand sagamo des Sauvages de Canada, leurs festins et danses, la guerre qu'ils ont avec les Iroquois, la façon et de quoi sont faits leurs canots et cabanes, avec la description de la pointe de Saint-Mathieu*

Français bien reçus par les Sauvages

Le 27e jour, nous fûmes* trouver les Sauvages à la pointe de Saint-Mathieu, qui est à une lieue de Tadoussac, avec les deux Sauvages que mena le sieur du Pont pour faire le rapport de ce qu'ils avaient vu en France, et de la bonne réception que leur avait fait le roi[1]. Ayant mis pied à terre, nous fûmes* à la cabane de leur grand sagamo*, qui s'appelle Anadabijou, où nous le trouvâmes avec quelque 80 ou 100 de ses compagnons qui faisaient tabagie (qui veut dire festin), lequel nous reçut fort bien, selon la coutume du pays et nous fit asseoir auprès de lui, et tous les Sauvages arrangés* les uns auprès des autres des deux côtés de ladite

Harangue de l'un des Sauvages que nous avions ramenés

cabane. L'un des Sauvages que nous avions amenés commença à faire sa harangue, de la bonne réception que leur avait fait le roi, et le bon traitement qu'ils avaient reçu en France, et qu'ils s'assurassent que sadite Majesté leur voulait du bien et désirait peupler leur terre et faire paix avec leurs ennemis (qui sont les Iroquois) ou leur envoyer des forces pour les vaincre ; en leur contant aussi les beaux châteaux, palais, maisons et peuples qu'ils avaient vus, et notre façon de vivre ; il fut entendu avec un silence si grand qu'il ne se peut dire de plus. Or après qu'il eut achevé sa harangue, ledit grand sagamo* Anadabijou, l'ayant attentivement ouï*, commença à prendre du pétun* et en donner audit sieur du Pont Gravé de Saint-Malo et à moi, et à quelques autres sagamos qui étaient auprès de lui ; ayant bien pétuné*, il commença à faire sa harangue à tous, parlant posément, s'arrêtant quelquefois un peu, et puis reprenait sa parole, en leur disant que véritablement ils devaient être fort contents d'avoir sadite Majesté pour grand ami ; ils répondirent tous d'une voix : « ho, ho, ho », c'est-à-dire « oui, oui ». Lui, continuant toujours sadite harangue, dit qu'il était fort aise que sadite Majesté peuplât leur terre et fît la guerre à leurs ennemis, qu'il n'y avait nation au monde à qui ils voulussent plus de bien qu'aux Français. Enfin, il leur fit entendre à tous

Harangue du grand sagamo

le bien et utilité qu'ils pourraient recevoir de sadite Majesté.

Festin des Sauvages

Après qu'il eut achevé sa harangue, nous sortîmes de sa cabane et eux commencèrent à faire leur tabagie, ou festin, qu'ils font avec des chairs d'orignal, qui est comme bœuf, ours, loups-marins et castors, qui sont les viandes les plus ordinaires qu'ils ont, et du gibier en quantité : ils avaient huit ou dix chaudières* pleines de viandes, au milieu de ladite cabane, et étaient éloignées les unes des autres quelque six pas*, et chacune a son feu. Ils sont assis des deux côtés (comme j'ai dit ci-dessus) avec chacun son écuelle d'écorce d'arbre ; et lorsque la viande est cuite il y en a un qui fait le partage à chacun dans lesdites écuelles, où ils mangent fort salement ; car, quand ils ont les mains grasses, ils les frottent à leurs cheveux ou bien au poil de leurs chiens, dont ils ont quantité pour la chasse. Premier* que leur viande fût cuite, il y en eut un qui se leva et prit un chien et s'en alla sauter autour desdites chaudières* d'un bout de la cabane à l'autre. Étant devant le grand sagamo*, il jeta son chien à terre de force, et puis tous d'une voix ils s'écrièrent : « ho, ho, ho » ; ce qu'ayant fait, il s'en alla asseoir à sa place. Au même instant, un autre se leva et fit le semblable*, continuant toujours jusqu'à ce que la viande fût cuite. Or après avoir achevé leur tabagie*, ils commencèrent à danser,

Comment ils font cuire leur viande

Mangent fort salement

Sauvages dansent autour des chaudières

en prenant les têtes* de leurs ennemis, qui leur pendaient par derrière. En signe de réjouissance, il y en a un ou deux qui chantent en accordant leur voix par la mesure de leurs mains qu'ils frappent sur leurs genoux, puis ils s'arrêtent quelquefois, en s'écriant: «ho, ho, ho», et recommencent à danser en soufflant comme un homme qui est hors d'haleine.

Victoire obtenue sur les Iroquois

Ils faisaient cette réjouissance pour la victoire par eux obtenue sur les Iroquois[2], dont ils avaient tué quelque cent, auxquels ils coupèrent les têtes*, qu'ils avaient avec eux pour leur cérémonie. Ils étaient trois nations quand ils furent* à la guerre: les Etchemins[3], Algonquins et Montagnais[4], au nombre de mille, qui allèrent faire la guerre auxdits Iroquois qu'ils rencontrèrent à l'entrée de la rivière desdits Iroquois[5], et en assommèrent une centaine; la guerre qu'ils font n'est que par surprise, car autrement ils auraient peur et ils craignent trop lesdits Iroquois, qui sont en plus grand nombre que lesdits Montagnais, Etchemins et Algonquins.

Trois nations de Sauvages, Etchemins, Algonquins et Montagnais

Délogement des Sauvages de la pointe Saint-Mathieu pour venir à Tadoussac voir les Français

Le vingt-huitième jour dudit mois, ils se vinrent cabaner audit port de Tadoussac, où était notre vaisseau. À la pointe du jour, leurdit grand sagamo* sortit de sa cabane, allant autour de toutes les autres cabanes, en criant à haute voix qu'ils eussent à déloger pour aller à Tadoussac où étaient leurs bons amis.

Tout aussitôt, chacun d'eux défit sa cabane en moins d'un rien et ledit grand capitaine le premier commença à prendre son canot et le porter à la mer, où il embarqua sa femme et ses enfants et quantité de fourrures, et ils se mirent ainsi près de deux cents canots, qui vont étrangement, car encore que notre chaloupe fût bien armée, pourtant allaient-ils plus vite que nous. Il n'y a que deux personnes qui travaillent à la nage*: l'homme et la femme.

Ce que c'est et comment sont faits les canots des Sauvages

Leurs canots[6] ont quelque huit ou neuf pas* de long, et larges comme* d'un pas* ou pas* et demi par le milieu, et vont toujours en amoindrissant par les deux bouts ; ils sont forts sujets à tourner si on ne les sait bien gouverner, car ils sont faits d'écorce d'arbre appelé bouille*, renforcés par le dedans de petits cercles de bois, bien et proprement faits, et sont si légers qu'un homme en porte un aisément, et chaque canot peut porter la pesanteur d'une pipe*. Quand ils veulent traverser la terre pour aller à quelque rivière où ils ont affaire, ils les portent avec eux.

Cabanes des Sauvages, de quoi et comment elles sont faites

Leurs cabanes sont basses, faites comme des tentes couvertes de ladite écorce d'arbre, et ils laissent tout le haut découvert comme* d'un pied, d'où le jour leur vient, et ils font plusieurs feux droit au milieu de leur cabane, où ils sont quelquefois dix ménages ensemble. Ils couchent sur des peaux les uns parmi les autres, les chiens avec eux. Ils étaient au nombre de mille personnes, tant hommes que femmes et enfants.

Description de la pointe de Saint-Mathieu

Le lieu de la pointe de Saint-Mathieu, où ils étaient premièrement* cabanés, est assez plaisant ; ils étaient au bas d'un petit coteau plein d'arbres, de sapins et cyprès. À ladite pointe, il y a une petite place unie qui découvre* de fort loin, et au-dessus dudit coteau est une terre unie, contenant une lieue de long, une demie de large, couverte d'arbres ; la terre est fort sablonneuse, où il y a de bons pâturages ; tout le reste ce ne sont que montagnes de rochers fort mauvais ; la mer bat autour dudit coteau qui assèche* près d'une grande demi-lieue de basse eau.

NOTES

1. Chauvin les avait ramenés en France pour les présenter à Henri IV en 1602.
2. Établis au sud du lac Ontario, les Iroquois formaient une ligue composée de cinq nations : les Agniers, les Onontagués, les Onneiouts, les Goyogouins et les Tsonnontouans. Le texte de Champlain est le premier à attester l'existence d'un conflit entre ces derniers et les nations de la vallée du Saint-Laurent et de l'Outaouais. On pense généralement que le développement du commerce des fourrures dans cette région provoqua ou, tout au moins, intensifia ces hostilités. Privés de contacts commerciaux avec les Blancs, les Iroquois chercheraient à acquérir les objets européens par des raids contre les Montagnais et les Algonquins (voir Trigger, *Les enfants d'Aataentsic* ; Delâge, *Le pays renversé* ; Jennings, *The Ambiguous Iroquois Empire*).
3. En 1604, Champlain étendra cette appellation à tous les autochtones établis entre les rivières Saint-Jean et Kennebec, englobant ainsi les Malécites et les Passamaquoddys, deux nations étroitement apparentées par la langue et la culture, et une partie des Abénaquis. Le territoire malécite bordait la rivière Saint-Jean, celui des Passamaquoddys se trouvait plus à l'ouest, le long de la rivière Sainte-Croix. On ignore l'origine précise du mot « Etchemin » et de ses variantes, mais certains l'interprètent comme une déformation du mot malécite : *O-skitchin* ou *Es-tigin*, pour « les hommes ». Voir P.-André Sévigny, *Les Abénaquis : habitat et migrations (XVIIe et XVIIIe siècles)*, Montréal, Bellarmin, 1976, p. 46-48 et 52-54 ; Vincent O. Erickson, « Maliseet-Passamaquoddy », dans *HNAI*, vol. XV, p. 123-136.
4. Sur les Algonquins et les Montagnais, voir l'Introduction, p. 22-25.
5. La rivière Richelieu.
6. Champlain, qui reprendra cette première description du canot dans ses *Voyages* de 1613 (L. II, ch. 1, p. 168-169), suggérera, au chapitre VII, de s'en servir pour franchir les rapides. Cartier, sans les décrire, parlait plutôt de « barque ».

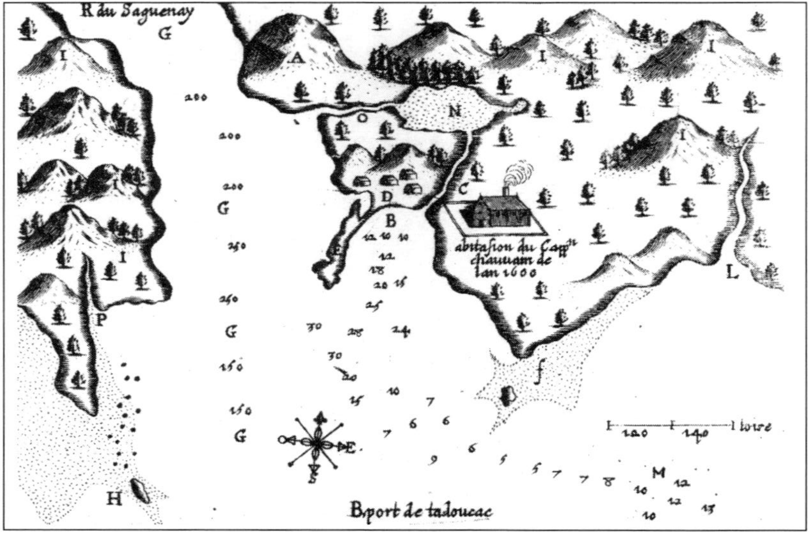

Les chiffres montrent les brasses d'eau.
Le port de Tadoussac, gravure tirée des *Voyages* de Champlain en 1613
(Bibliothèque nationale du Québec, Montréal).

CHAPITRE III

La réjouissance que font les Sauvages après qu'ils ont eu victoire sur leurs ennemis, leurs humeurs ; ils endurent la faim, sont malicieux, leur croyance et fausses opinions, ils parlent aux diables, leurs habits, et comment ils vont sur les neiges, avec la manière de leur mariage et de l'enterrement de leurs morts*

Réjouissance que les Sauvages firent de la victoire qu'ils avaient obtenue sur leurs ennemis les Iroquois

Le 9e jour de juin, les Sauvages commencèrent à se réjouir tous ensemble et faire leur tabagie*, comme j'ai dit ci-dessus, et danser pour ladite victoire qu'ils avaient obtenue contre leurs ennemis. Or après avoir fait bonne chère, les Algonquins, une des trois nations, sortirent de leurs cabanes et se retirèrent à part dans une place publique, firent arranger* toutes leurs femmes et filles les unes près des autres, et eux se mirent derrière, chantant tous d'une voix comme j'ai dit ci-devant. Aussitôt toutes les femmes et filles commencèrent à quitter leurs robes de peaux et se mirent toutes nues montrant leur nature*, néanmoins parée de matachias*, qui sont patenôtres* et cordons entrelacés, faits de poil de porc-épic, qu'ils teignent de diverses couleurs. Après avoir achevé leurs chants, ils dirent tous d'une voix : « ho, ho, ho » ; au même instant, toutes les femmes et filles se couvraient de leurs robes, car elles sont à leurs pieds, et s'arrêtent quelque peu ; et puis aussitôt, recommençant à chanter, elles laissent aller leurs robes comme auparavant. Ils ne bougent d'un lieu en dansant et font quelques gestes et mouvements du corps, levant un pied, et puis l'autre, en frappant contre terre. Or en faisant cette danse, le sagamo* des Algonquins, qui s'appelle Besouat[1], était assis devant lesdites femmes et filles, au milieu de deux bâtons, où étaient les têtes* de leurs ennemis pendues : quelquefois il se levait et s'en allait haranguant et disant aux Montagnais et Etchemins : « Voyez comme nous nous réjouissons de la victoire que nous avons obtenue sur nos ennemis : il faut que vous en fassiez autant, afin que nous soyons contents. » Puis tous ensemble disaient : « ho, ho, ho ». Retourné qu'il fut à sa place, le grand sagamo* avec tous ses compagnons dépouillèrent leurs robes, étant tout nus hormis leur nature*, qui est couverte d'une petite peau, et prirent cha-

Sagamo des Algonquins

Présent des Montagnais et Etchemins

cun ce que bon leur sembla, comme matachias*, haches, épées, chaudrons, graisses, chair d'orignal, loup-marin, bref chacun avait un présent qu'ils allèrent donner aux Algonquins. Après toutes ces cérémonies, la danse cessa et lesdits Algonquins, hommes et femmes, emportèrent leurs présents dans leurs cabanes. Ils firent encore mettre deux hommes de chaque nation des plus dispos, qu'ils firent courir, et celui qui fut le plus vite à la course eut un présent.

Humeurs des Sauvages

Tous ces peuples sont tous d'une humeur assez joyeuse; ils rient le plus souvent; toutefois ils sont quelque peu saturniens*. Ils parlent fort posément, comme se voulant bien faire entendre, et s'arrêtent aussitôt en songeant un grand espace de temps, puis reprennent leur parole; ils usent bien souvent de cette façon de faire parmi leurs harangues au conseil, où il n'y a que les plus principaux* que sont les anciens: les femmes et enfants n'y assistent point. Tous ces peuples pâtissent tant quelquefois qu'ils sont presque contraints de se manger les uns les autres[2] pour* les grandes froidures et neiges, car les animaux et le gibier de quoi ils vivent se retirent aux pays plus chauds. Je tiens que si on leur montrait à vivre et si on leur enseignait[3] le labourage des terres et autres choses, ils l'apprendraient fort bien, car je vous assure qu'il s'en trouve assez qui ont bon jugement

Les Sauvages endurent la faim

Malice des Sauvages

et répondent assez bien à propos sur ce qu'on leur pourrait demander. Ils ont une méchanceté, en eux, qui est d'user* de vengeance et être grands menteurs, gens en qui il ne fait pas trop bon s'assurer, sinon qu'avec raison et la force à la main ; ils promettent assez et tiennent peu.

Croyance des Sauvages et leur foi

Ce sont la plupart des gens qui n'ont point de loi, selon ce que j'ai pu voir et m'informer audit grand sagamo*, lequel me dit qu'ils croyaient véritablement qu'il y a un Dieu, qui a créé toutes choses. Et alors je lui dis, puisqu'ils croyaient à un seul Dieu, comment est-ce qu'il les avait mis au monde et d'où ils étaient venus. Il me répondit : « Après que Dieu eut fait toutes choses, il prit quantité de flèches et les mit en terre, d'où il sortit hommes et femmes, qui ont multiplié au monde jusqu'à présent et sont venus de cette façon. » Je lui répondis que ce qu'il disait était faux, mais que véritablement il y avait un seul Dieu, qui avait créé toutes choses, en la terre et aux cieux. Voyant toutes ces choses si parfaites, sans qu'il y eût personne qui gouvernât en ce bas monde, il prit du limon de la terre et en créa Adam notre premier père. Comme Adam sommeillait, Dieu prit une côte dudit Adam et en forma Ève, qu'il lui donna pour compagnie, et que c'était la vérité qu'eux et nous étions venus de cette façon et non de flèches comme ils croient. Il ne me dit rien, sinon qu'il avouait* plutôt ce que je lui disais, que ce qu'il me disait. Je lui demandai aussi s'il ne croyait point qu'il n'y eût autre qu'un seul Dieu. Il me dit que leur croyance

Croient un Dieu, un fils, une mère et le soleil

était qu'il y avait un Dieu, un fils, une mère et le soleil, qui étaient quatre ; néanmoins, que Dieu était par-dessus tout, mais que le fils était bon et le soleil, à cause du bien qu'ils recevaient ; mais que la mère ne valait rien et les mangeait, et que le père n'était pas trop bon. Je lui remontrai* son erreur selon notre foi, en quoi il ajouta quelque peu de créance*. Je lui demandai s'ils n'avaient point vu ou ouï dire à leurs ancêtres que Dieu fût venu au monde. Il me dit qu'il ne l'avait point vu, mais qu'anciennement il y eut

De cinq hommes que les Sauvages croient avoir vu Dieu

cinq hommes qui s'en allèrent vers le soleil couchant, qui rencontrèrent Dieu, qui leur demanda : « Où allez-vous ? » Ils dirent : « Nous allons chercher notre vie. » Dieu leur répondit : « Vous la trouverez ici. » Ils passèrent plus outre, sans faire état de ce que Dieu leur avait dit, lequel prit une pierre et en toucha deux, qui furent transmués en pierre. Et il dit derechef aux trois autres : « Où allez-vous ? », et ils répondirent comme à la première fois ; et Dieu leur dit derechef : « Ne passez pas plus outre, vous la trouverez ici. » Et voyant qu'il ne leur venait rien, ils passèrent outre ; et Dieu prit deux bâtons, et il en toucha les deux premiers, qui furent transmués en bâtons, et le cinquième s'arrêta, ne voulant passer plus outre. Et Dieu lui demanda derechef: «Où vas-tu?» — «Je vais chercher ma vie.» — «Demeure, et tu la trouveras.» Il demeura sans passer plus outre et Dieu lui donna de la viande, et il en mangea. Après avoir fait bonne chère, il retourna avec les autres Sauvages et leur raconta tout ce que dessus. Il me dit aussi qu'une autre fois il y avait un homme qui avait quantité de tabac (qui est une herbe de laquelle ils prennent la fumée), et que Dieu vint à cet homme et lui demanda où était son pétunoir*; l'homme prit son pétunoir* et le donna à Dieu, qui pétuna* beaucoup; après avoir bien pétuné*, Dieu rompit ledit pétunoir* en plusieurs pièces et l'homme lui demanda: «Pourquoi as-tu rompu mon pétunoir, et tu vois bien que je n'en ai point d'autre?» Et Dieu en prit un qu'il avait et le lui donna, lui disant: «En voilà un que je te donne, porte-le à ton grand sagamo*, qu'il le garde, et s'il le garde bien, il ne manquera point de chose quelconque, ni tous ses compagnons.» Ledit homme prit le pétunoir*, qu'il donna à son grand sagamo*, lequel, tandis qu'il l'eut, les Sauvages ne manquèrent de rien du monde. Mais depuis ledit sagamo avait perdu ce pétunoir*, qui est l'occasion* de la grande famine qu'ils ont quelquefois parmi eux[4]. Je lui demandai s'il croyait tout cela. Il me dit que oui et que c'était vérité. Or je crois que voilà pour-

D'un autre homme que les Sauvages croient avoir parlé à Dieu

quoi ils disent que Dieu n'est pas trop bon.

Mais je lui répliquai et lui dis que Dieu était tout bon et que sans doute c'était le diable qui s'était montré à ces hommes-là, et que, s'ils croyaient comme nous en Dieu, ils ne manqueraient de ce dont ils auraient besoin ; que le soleil qu'ils voyaient, la lune et les étoiles avaient été créés par ce grand Dieu, qui a fait le ciel et la terre, et n'ont nulle puissance que celle que Dieu leur a donnée ; que nous croyons en ce grand Dieu, qui par sa bonté nous avait envoyé son cher fils, lequel, conçu du Saint-Esprit, prit chair humaine dans le ventre virginal de la vierge Marie, ayant été trente-trois ans en terre, faisant une infinité de miracles, ressuscitant les morts, guérissant les malades, chassant les diables, illuminant les aveugles, enseignant aux hommes la volonté de Dieu son père, pour le servir, honorer et adorer, a répandu son sang et souffert mort et passion pour nous et pour nos péchés, et racheté le genre humain, étant enseveli, est ressuscité, descendu aux enfers et monté au ciel, où il est assis à la dextre de Dieu son père ; que c'était là la croyance de tous les chrétiens, qui croient au père, au fils et au Saint-Esprit, qui ne sont pourtant pas trois dieux, mais un même et un seul Dieu, et une Trinité, en laquelle il n'y a point de plus tôt ou d'après, rien de plus grand ni de plus petit ; que la vierge Marie, mère du fils de Dieu, et tous les hommes et femmes qui ont vécu en ce monde, faisant les commandements de Dieu et enduré martyre pour son nom, et qui par la permission de Dieu ont fait des miracles et sont saints au ciel en son Paradis, prient tous pour nous cette grande majesté divine de nous pardonner nos fautes et nos péchés que nous faisons contre sa loi et ses commandements. Et ainsi par les prières des saints au ciel et par nos prières que nous faisons à sa divine Majesté, il nous donne ce dont nous avons besoin et le diable n'a nulle puissance sur nous et ne nous peut faire de mal; que s'ils avaient cette croyance, ils seraient comme nous, le diable ne leur pourrait plus faire de mal et ils ne manqueraient de ce dont ils auraient besoin. Alors ledit sagamo* me dit qu'il avouait* ce que je disais. Je lui demandai de quelle cérémonie ils usaient* pour prier leur Dieu. Il me dit qu'ils n'usaient* point autrement de cérémonies, sinon que chacun priait en son cœur comme il voulait. Voilà pourquoi je crois qu'il n'y a aucune loi parmi eux; ils ne savent ce que c'est d'adorer et prier Dieu, et vivent la plupart comme bêtes brutes[5], et je crois que promptement ils seraient réduits* bons chrétiens si l'on habitait* leurs terres, ce qu'ils désireraient la plupart[6].

Quelques Sauvages parlent au diable

Ils ont parmi eux quelques Sauvages qu'ils appellent Pilotouas*[7], qui parlent au diable visiblement; et il leur dit ce qu'il faut qu'ils fassent, tant pour la guerre que pour autres choses, et s'il leur commandait qu'ils allassent mettre en exécution quelque entreprise ou tuer un Français ou un autre de leur nation, ils obéiraient aussitôt à son commandement. Aussi ils croient que tous les songes[8] qu'ils font sont véritables et, de fait, il y en a beaucoup qui disent avoir vu et songé à des choses qui adviennent ou adviendront. Mais pour en parler avec vérité, ce sont visions du diable qui les trompe et séduit. Voilà toute la créance* que j'ai pu apprendre d'eux, qui est bestiale.

Sauvages croient fermement aux songes

[Complexion] des Sauvages

Tous ces peuples sont gens bien proportionnés de leurs corps, sans aucune difformité ; ils sont dispos, et les femmes bien formées, remplies et potelées, de couleur basanée, pour* la quantité de certaine peinture dont ils se frottent, qui les fait devenir olivâtres. Ils sont habillés de peaux ; une partie de leur corps est couverte et l'autre partie découverte. Mais l'hiver ils remédient à tout, car ils sont habillés de bonnes fourrures, comme d'orignal, loutre, castors, [loups]-marins, cerfs et biches, qu'ils ont en quantité. L'hiver quand les neiges sont grandes, ils font une manière* de raquette qui est grande deux ou trois fois comme celles de France, qu'ils attachent à leurs pieds, et ils vont ainsi dans les neiges sans enfoncer, car autrement ils ne pourraient chasser ni aller en beaucoup de lieux.

Habits des Sauvages

Invention qu'ils ont pour aller sur les neiges

Mariage des Sauvages

Ils ont aussi une forme de mariage, qui est que quand une fille est en l'âge de quatorze ou quinze ans, elle aura plusieurs serviteurs et amis et aura compagnie* avec tous ceux que bon lui semblera ; puis au bout de quelque cinq ou six ans, elle prendra lequel il lui plaira pour son mari, et ils vivront ainsi ensemble jusqu'à la fin de leur vie, si ce n'est qu'après avoir été quelque temps ensemble, s'ils n'ont pas d'enfants, l'homme se pourra démarier et prendre autre femme, disant que la sienne ne vaut rien : ainsi les filles sont plus libres que les femmes. Or depuis qu'elles sont mariées, elles sont chastes*, et leurs maris sont la plupart jaloux, lesquels donnent des présents au père ou parents de la fille qu'ils auront épousée. Voilà la cérémonie et façon qu'ils usent* en leurs mariages[9].

Comment ils enterrent leurs morts

Pour ce qui est de leurs enterrements, quand un homme ou femme meurt, ils font une fosse, où ils mettent tout le bien qu'ils auront, comme chaudrons, fourrures, haches, arcs et flèches, robes et autres choses, et puis ils mettent le corps dans la fosse et le couvrent de terre où ils mettent quantité de grosses pièces de bois dessus, et un bois debout qu'ils peignent de rouge par le haut. Ils croient l'immortalité des âmes et disent qu'ils vont se réjouir en d'autres pays avec leurs parents et amis quand ils sont morts.

Sauvages croient l'immortalité

NOTES

1. Probablement Tessouat (appelé aussi « le Borgne de l'Île »), chef des Kichesipirinis ou Algonquins de l'Île, qui résidaient sur l'île Morrison, alors appelée l'île aux Allumettes. Dans le chapitre IV de son quatrième voyage (*Voyages* publiés en 1613), Champlain racontera le « bon accueil » qu'il en reçut. C'est un des plus célèbres chefs algonquins dont les documents français de la première moitié du XVIIe siècle gardent la trace. Les Algonquins de l'Île occupaient une position stratégique sur la rivière des Outaouais. L'île Morrison est entourée de rapides et les Amérindiens qui descendaient vers les postes de la vallée du Saint-Laurent devaient y faire des portages. Tout comme les Montagnais de Tadoussac, les Algonquins de l'Île chercheront à bloquer la pénétration française vers l'intérieur du territoire, car cela risquait de miner leur position d'intermédiaires dans le commerce des fourrures. Après 1615, les Algonquins de l'Île ne pourront plus empêcher la circulation des Français sur la rivière des Outaouais jusqu'en Huronie, mais ils imposeront un lourd tribut à ceux qui franchiront leur territoire dans un sens ou dans l'autre. Ils feront aussi, à diverses reprises, circuler des rumeurs pour entretenir un climat de méfiance entre les Hurons et les Français. En 1636, les Français apprennent la mort de Tessouat, mais peut-être s'agit-il du successeur de celui-ci car, en 1613, Champlain le décrit comme un « vieux capitaine » (*Voyages*, p. 37).

2. Reprenant ce passage en 1613 (L. II, ch. 4, p. 192), Champlain fait disparaître toute trace d'anthropophagie : « *Tous ces peuples pâtissent tant que quelquefois ils sont contraints de vivre de certains coquillages et manger leurs chiens et peaux de quoi ils se couvrent contre le froid.* Je tiens que qui leur montrerait à vivre et leur enseignerait le labourage [...]. » Tout en conservant presque toutes les observations ethnographiques de 1603, il supprime aussi le long passage sur l'origine des Montagnais. Dès la première édition en 1609 de son *Histoire de la Nouvelle-France*, Lescarbot avait critiqué ces deux passages : « pour retourner au Sieur Champlain, je voudrais qu'avec le *Gougou* il n'eût point mis par écrit que les Sauvages de la Nouvelle-France pressés quelquefois de

faim se mangent l'un l'autre, ni tant de discours de notre sainte Foi, lesquels ne se peuvent exprimer en langue de Sauvages ni par truchement ni autrement» (p. 430).

3. L'édition originale porte: «… qui leur montrerait à vivre et enseigner… »

4. En 1632, dans *Le grand voyage du pays des Hurons* (ch. 18, p. 252-253), Sagard reprendra tout ce passage sur la croyance des Montagnais en l'appliquant aux Hurons.

5. Il faut prendre l'expression au sens que lui donne Furetière: «BESTE, se dit figurément en Morale d'un homme qui ne cherche que ses plaisirs, qui n'a point de goût pour les choses célestes. C'est une *bête* brute.»

6. Contre toute vraisemblance, Cartier aussi, lors de son deuxième voyage, prétendait «remontrer leur erreur» à ses hôtes amérindiens qu'il jugeait faciles à convertir: «Ils croient aussi que quand ils trépassent ils vont dans les étoiles […]. Après qu'ils nous eurent donné cesdites choses à entendre nous leur avons remontré leur erreur et dit que leur Cudouagny est un mauvais esprit qui les abuse et qu'il n'est qu'un Dieu qui est au ciel et qu'il nous donne tout et est créateur de toutes choses et que en celui-ci devons croire seulement et qu'il faut être baptisé ou aller en enfer. Et leur fut remontré plusieurs autres choses de notre foi, ce que facilement ils ont cru et appelé leur Cudouagny *agojuda* tellement que plusieurs fois ont prié le capitaine les faire baptiser.» (*Relations*, p. 159-160)

7. Sur l'aire d'activité et l'autorité considérables de ces «pilotouas», appelés plus souvent «sorciers» ou «jongleurs», les témoignages sont nombreux. Ainsi, le jésuite Lejeune écrira en 1637 que «ces sorciers sont extrêmement redoutés» et «qu'on ne les oserait fâcher parce qu'ils peuvent, à ce qu'ils [les Montagnais] croient, tuer les hommes par leur art. Ils sont aussi grandement recherchés, pour autant qu'ils ont pouvoir, à ce qu'ils disent, d'ôter la maladie qu'on leur a donnée» (*JR*, vol. XII, p. 8); le récollet Leclercq, qui ne voit que «fourberie» dans leur «art», écrira en 1691, dans sa *Nouvelle relation de la Gaspésie* (p. 335): «Nos Gaspésiens [Micmacs] cependant, font tant d'estime de leurs jongleurs, qu'ils recherchent, dans leurs

incommodités, ceux qui passent pour les plus fameux (ainsi que, parmi nous, les malades ont recours dans leurs maux aux plus habiles médecins) ; ils se persuadent même que ces fourbes peuvent sûrement guérir leurs maladies et les soulager, en chassant le démon ou le ver qu'ils croient être renfermé dans la partie affligée. »

8. Tous les voyageurs noteront l'importance du « songe » dans l'univers mental amérindien. Par exemple, le jésuite Brébeuf écrira dans sa *Relation* de 1636 : « Ils ont une croyance aux songes qui surpasse toute croyance [...]. Ils prennent leurs songes pour des ordonnances et des arrêts irrévocables, et dont il n'est pas permis sans crime de différer l'exécution. [...] Le songe est l'oracle que tous ces pauvres peuples consultent et écoutent, le prophète qui leur prédit les choses futures, la Cassandre qui les avertit des malheurs qui les menacent, le médecin ordinaire dans leurs maladies, l'Esculape et le Galien de tout le pays, c'est le maître le plus absolu qu'ils aient [...]. C'est leur Mercure dans leurs voyages, leur économe dans leurs familles : le songe préside souvent à leurs conseils ; la traite, la pêche et la chasse s'entreprennent ordinairement sous son aveu, et ne sont quasi que pour lui satisfaire. » (*JR*, vol. X, p. 168-170)

9. Chez Cartier aussi, habillement et sexualité voisinaient, comme si la nudité partielle amenait automatiquement des réflexions sur les pratiques sexuelles : « Cedit peuple vit quasi en communauté de biens assez de la sorte des Brésiliens et sont tous vêtus de peaux de bêtes sauvages et assez pauvrement. L'hiver ils sont chaussés de chausses et de souliers et l'été vont nu-pieds. Ils gardent l'ordre de mariage, fors que les hommes prennent deux ou trois femmes. [...] Ils ont une autre coutume fort mauvaise de leurs filles car depuis qu'elles sont d'âge d'aller à l'homme elles sont toutes mises en une maison de bordel abandonnées à tout le monde qui en veut jusqu'à ce qu'elles aient trouvé leur parti. » (*Relations*, p. 160-161)

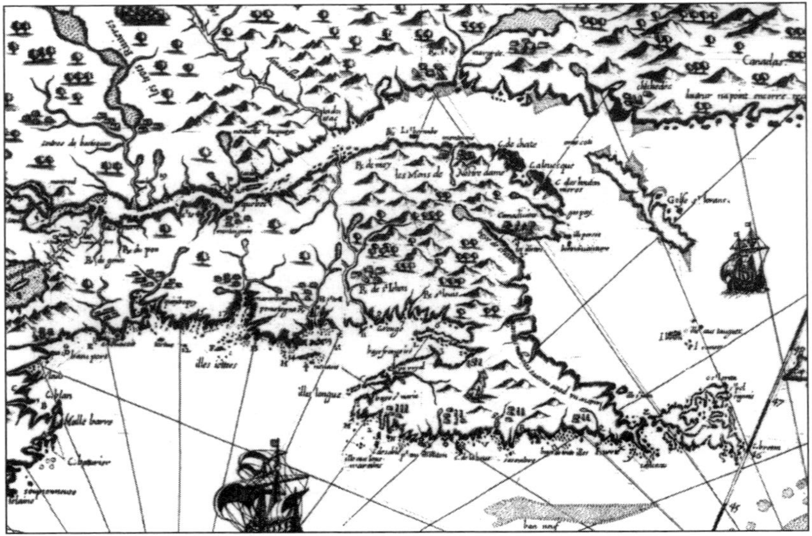

Fragment de la carte de la Nouvelle-France tirée des *Voyages* de Champlain, publiés en 1613 (Université Laval, bibliothèque et ressources pédagogiques).

CHAPITRE IV

Rivière du Saguenay et son origine

Partement de Tadoussac pour aller au Saguenay*

Le 11e jour de juin, je fus* à quelque douze ou quinze lieues dans le Saguenay, qui est une belle rivière et a une profondeur incroyable, car je crois, selon que j'ai entendu deviser* d'où elle procède*, que c'est d'un lieu fort haut, d'où descend un torrent d'eau d'une grande impétuosité ; mais l'eau qui en procède* n'est point capable de faire un tel fleuve comme celui-là, qui néanmoins ne tient que depuis cedit torrent d'eau, où est le premier saut, jusqu'au port de Tadoussac, qui est l'entrée de ladite rivière du Saguenay, où il y a quelque quarante-cinq ou cinquante lieues, et une bonne lieue et demie de large au plus, et un quart au plus étroit, ce qui fait qu'il y a grand courant d'eau. Toute la terre que j'ai vue, ce ne sont que montagnes de rochers, la plupart couvertes de bois de sapins, cyprès et boulles*, terre fort malplaisante, où je n'ai point trouvé une lieue de terre plane tant d'un côté

Torrent d'eau

Terres montagnes de rochers malplaisantes

que d'autre. Il y a quelques montagnes de sable et îles en ladite rivière qui sont haut élevées. Enfin, ce sont de vrais déserts inhabitables d'animaux et d'oiseaux, car je vous assure qu'allant chasser par les lieux qui me semblaient les plus plaisants, je ne trouvai rien qui soit, sinon de petits oiseaux qui sont comme rossignols et hirondelles, lesquelles viennent en été, car autrement je crois qu'il n'y en a point, à cause de l'excessif froid qu'il y fait, cette rivière venant de vers le nord-ouest.

Rapport que l'on m'a fait du commencement de la rivière du Saguenay

Ils me firent rapport qu'ayant passé le premier saut d'où vient ce torrent d'eau, ils passent huit autres sauts et puis vont une journée sans en trouver aucun, puis passent dix autres sauts et viennent dans un lac[1], où ils sont deux jours à repasser ; à chaque jour, ils peuvent faire à leur aise quelque douze à quinze lieues ; audit bout du lac, il y a des peuples qui sont cabanés*[2], puis on entre dans trois autres rivières[3], quelque trois ou quatre journées dans chacune, où au bout desdites rivières, il y a deux ou trois manières* de lacs, d'où prend la source du Saguenay, de laquelle source jusqu'audit port de Tadoussac, il y a dix journées de leurs canots. Au bord desdites rivières, il y a quantité de cabanes, où il vient d'autres nations du côté du nord[4], troquer avec lesdits Montagnais des peaux de castor et martre, avec d'autres marchandises que donnent les vaisseaux français auxdits

Montagnais[5]. Lesdits Sauvages du nord disent qu'ils voient une mer qui est salée[6]. Je tiens que si cela est, c'est quelque gouffre de cette mer qui dégorge par la partie du nord dans les terres, et de vérité il ne peut être autre chose. Voilà ce que j'ai appris de la rivière du Saguenay.

NOTES

1. Le lac Saint-Jean. La route décrite par les Montagnais serait celle qui, laissant le Saguenay à Chicoutimi, emprunte la rivière du même nom, le lac Kénogami, la Belle Rivière jusqu'au lac Saint-Jean. Il fallait en moyenne cinq jours aux Montagnais pour faire ce trajet avec leurs canots et deux jours pour redescendre. Les tentatives ultérieures de Champlain pour remonter jusqu'au lac Saint-Jean se heurteront à l'opposition des Montagnais de Tadoussac, soucieux de préserver leur position d'intermédiaires dans le commerce des fourrures: « J'ai souvent désiré faire cette découverte », écrira-t-il en 1632, « mais je n'ai pu le faire sans les Sauvages qui n'ont pas voulu que j'y allasse ni aucun de nos gens » (Biggar, t. IV, p. 40-41). En 1647, le jésuite Jean de Quen sera le premier Français à rejoindre le lac Saint-Jean.

2. Sans doute les Kakouchakis, mieux connus sous le nom de nation du Porc-Épic (*kakouch* = petit porc-épic), appartenant aussi à la famille montagnaise. Selon le jésuite Charles Albanel, l'appellation *Kakouchakis*, ou sa traduction française, trouve son origine dans l'abondance des porcs-épics au lac Saint-Jean, mais il est difficile de savoir s'il s'agit du nom par lequel les Montagnais de cette région se désignaient ou d'une appellation que leur donnaient les Montagnais de Tadoussac. Dans la seconde moitié du XVIIe siècle, durement touchés par les épidémies et par les guerres iroquoises, ils intégreront plusieurs étrangers pour compenser leurs pertes. En 1671, de passage au lac Saint-Jean, Albanel témoigne de ce brassage interethnique: « Les habitants ont été extrêmement diminués par les dernières guerres, qu'ils ont eues avec l'Iroquois, et par la petite vérole, qui est la peste des Sauvages: maintenant ils commencent à se repeupler par des gens des nations étrangères, qui y abordent de divers côtés, depuis la paix. » (*JR*, vol. LVI, p. 154-156)

3. Les rivières Ashuapmushuan, anciennement Chamouchouane, Mistassini et Péribonka, qui se déversent dans le lac Saint-Jean.

4. Probablement les Cris et les Mistassinis, établis près du lac Mistassini.

5. Ces remarques attestent l'existence d'un réseau commercial autochtone par lequel les marchandises de traite européennes pénétraient l'intérieur du territoire, grâce à une série d'intermédiaires, bien avant que les Français n'aient foulé ces régions. Le lac Saint-Jean était un des hauts lieux du troc amérindien: «C'était autrefois», rapporte en 1671 le jésuite Charles Albanel, «l'endroit où toutes les nations, qui sont entre les deux Mers de l'Est et du Nord, se rendaient pour faire leur commerce; j'y ai vu plus de vingt nations assemblées» (*JR*, vol. LVI, p. 154). L'embouchure de la rivière Métabetchouan, Nicabau (sur la rivière Chamouchouane), Manicouagan (à la tête de la rivière du même nom) et le site de Mouchau Ouraganich (sur la rivière Manouane) étaient les principaux lieux où se tenaient les foires amérindiennes (Jean-Paul Simard, «Le meeting de Mouchau Ouraganich», *RAQ*, vol. VI, n° 2, 1976, p. 2-16). Champlain reviendra sur le sujet au début du chapitre XI.

6. La baie d'Hudson, découverte en 1610 par Henry Hudson.

Chasseur algonquin représenté sur la carte de Bressani, *Novæ Franciæ accurata delineatio*, 1657 (Archives nationales du Canada).

CHAPITRE V

Partement de Tadoussac pour aller au saut, la description des îles aux Lièvres, aux Coudres, d'Orléans et de plusieurs autres îles, et de notre arrivée à Québec*

Île aux Lièvres

Île aux Coudres

Le mercredi, 18e jour de juin, nous partîmes de Tadoussac, pour aller au saut[1] ; nous passâmes près d'une île qui s'appelle l'île aux Lièvres, qui peut être à deux lieues de la terre de la bande* du nord et à quelque sept lieues dudit Tadoussac et à cinq lieues de la terre du sud. De l'île aux Lièvres, nous rangeâmes* la côte du nord environ une demi-lieue, jusqu'à une pointe[2] qui avance à la mer, où il faut prendre plus au large. Ladite pointe est à une lieue d'une île qui s'appelle l'île aux Coudres, qui peut tenir environ deux lieues de large, et de ladite île à la terre du nord, il y a une lieue ; ladite île est quelque peu unie, venant en amoindrissant par les deux bouts ; au bout de l'ouest, il y a des prairies et pointes de rochers qui avancent quelque peu dans la rivière; ladite île est quelque peu agréable pour* les bois qui l'environnent; il y a force ardoise et la terre quelque peu graveleuse, au bout de laquelle il y a un rocher qui avance à la mer environ une demi-lieue. Nous passâmes au nord de ladite île, distante de l'île aux Lièvres de douze lieues. Le jeudi suivant nous en partîmes et vînmes mouiller l'ancre à une anse dangereuse du côté du nord, où il y a quelques prairies et une petite rivière où les Sauvages cabanent* quelquefois. Cedit jour, rangeant* toujours ladite côte du nord jusqu'à un lieu où nous relâchâmes pour* les vents qui nous étaient contraires, où il y avait force rochers et lieux fort dangereux, nous fûmes trois jours en attendant le beau temps. Toute cette côte n'est que montagnes, tant du côté du sud que du côté du nord, la plupart ressemblant à celles du Saguenay.

Anse dangereuse

Côte dangereuse

Le dimanche, 22e jour dudit mois, nous en partîmes pour aller à l'île d'Orléans[3], où il y a quantité d'îles à la bande* du sud[4], lesquelles sont basses et couvertes d'arbres, semblant être fort agréables, contenant (selon que j'ai pu juger) les unes deux lieues et une lieue, et l'autre une demie. Autour de ces îles, ce ne sont que rochers et basses*, fort dangereux à passer et éloignés quelque deux lieues de la grande terre du sud. Et de là

Îles belles et dangereuses

Île d'Orléans

vînmes ranger* à l'île d'Orléans du côté du sud. Elle est à une lieue de la terre du nord, fort plaisante et unie, contenant de long huit lieues. Le côté de la terre du sud est terre basse, quelque deux lieues avant en terre ; lesdites terres commencent à être basses à l'endroit de ladite île, qui [peut] être à deux lieues de la terre du sud. À passer du côté du nord, il y fait fort dangereux pour* les bancs de sable [et] rochers qui sont entre ladite île et la grande terre, et assèche* presque toute de basse mer[5]. Au bout de

Torrent d'eau

ladite île, je vis un torrent d'eau[6] qui débordait de dessus une grande montagne de ladite rivière de Canada, et dessus ladite montagne est une terre unie et plaisante à voir, bien que dans lesdi-

Montagnes que l'on voit être loin

tes terres l'on voit de hautes montagnes qui peuvent être à quelque vingt ou vingt-cinq lieues dans les terres, qui sont proches* du premier saut du Saguenay.

Nous vînmes mouiller l'ancre à

Description de Québec

Québec qui est un détroit de ladite rivière de Canada, qui a quelque trois cents pas* de large ; il y a à ce détroit du côté du nord une montagne assez haute qui va en abaissant des deux côtés ; tout le reste est pays uni et beau, où il y a de bonnes terres pleines d'arbres, comme chênes, cyprès, boulles*, sapins et trembles, et autres arbres fruitiers sauvages et vignes, ce qui fait qu'à mon opinion, si elles étaient cultivées, elles seraient bonnes comme les nôtres. Il y a le long de la côte dudit Québec des diamants dans des rochers d'ardoise, qui sont meilleurs que ceux d'Alençon[7]. Dudit Québec jusqu'à l'île aux Coudres, il y a vingt-neuf lieues.

Des diamants que l'on trouve à Québec

NOTES

1. Les rapides de Lachine, au sud de Montréal.
2. Cette pointe (Cap-aux-Oies) ne peut être à une demi-lieue de l'île aux Lièvres, car elle se situerait à une lieue de l'île aux Coudres, qui elle-même serait à douze lieues de l'île aux Lièvres. Selon Laverdière, suivi par Biggar, l'erreur viendrait d'une mauvaise lecture du manuscrit.
3. On se rappelle la description euphorique de Cartier qui la dénomme «île de Bacchus», dans son deuxième voyage: «étant à ladite île la trouvâmes pleine de fort beaux arbres comme chênes, ormes, pins, cèdres et autres bois de la sorte des nôtres et pareillement y trouvâmes force vignes ce que n'avions [pas] vu par ci-devant à toute la terre. Et pour cela la nommâmes l'île de Bacchus» (*Relations*, p. 139-140).
4. L'île au Ruau, Grosse-Île et les îles Patience et Madame.
5. Lors de son deuxième voyage, Cartier avait noté que «le meilleur et le plus sûr [passage] est du côté devers le sud» (*Relations*, p. 165).
6. Les chutes Montmorency, à l'est de Québec, sur la rive nord du Saint-Laurent; la «grande montagne» est la chaîne des Laurentides.
7. Les cristaux de roche, appelés «diamants d'Alençon», étaient utilisés comme bijoux à cette époque. Dans son *Dictionnaire*, Furetière écrit: «Il y a aussi de faux *diamants*, comme ceux d'Alençon, qui croissent en un village nommé Hertré, à deux lieues de la ville [...]; et il y en a de si nets et de si brillants, qu'ils ont trompé quelques lapidaires.»

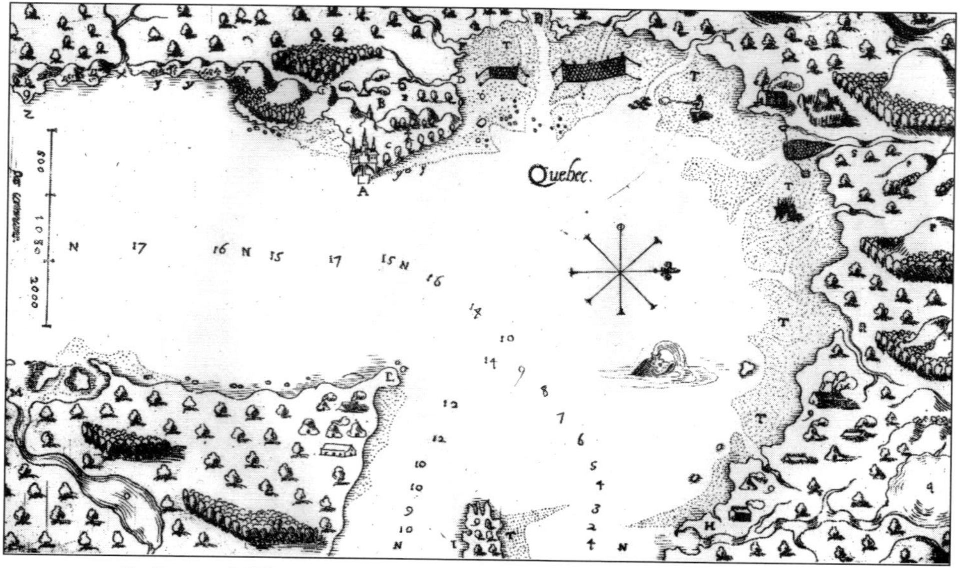

Québec en 1613, gravure tirée des *Voyages* de Champlain publiés en 1613 (Bibliothèque nationale du Québec, Montréal).

CHAPITRE VI

De la pointe Sainte-Croix, de la rivière de Batiscan, des rivières, rochers, îles, terres, arbres, fruits, vignes et beaux pays qui sont depuis Québec jusqu'aux Trois-Rivières

Le lundi 23e dudit mois, nous partîmes de Québec, où la rivière commence à s'élargir quelquefois d'une lieue, puis d'une lieue et demie ou deux lieues au plus. Le pays va de plus en plus en embellissant[1] : ce sont toutes terres basses, sans rochers, ou fort peu. Le côté du nord est rempli de rochers et bancs de sable ; il faut prendre celui du sud, comme* d'une demi-lieue de terre. Il y a quelques petites rivières[2] qui ne sont point navigables, si ce n'est pour les canots des Sauvages, dans lesquelles il y a quantité de sauts. Nous vînmes mouiller l'ancre jusqu'à Sainte-Croix, distante de Québec de quinze lieues : c'est une pointe basse qui va en haussant des deux côtés. Le pays est beau et uni, et les terres meilleures qu'en lieu que j'eusse vu, avec

Du pays qui est entre Québec et Sainte-Croix

Pointe de Sainte-Croix

quantité de bois, mais fort peu de sapins et cyprès : il s'y trouve en quantité des vignes, poires, noisettes, cerises, groseilles rouges et vertes, et de certaines petites racines de la grosseur d'une petite noix, ressemblant au goût comme truffes, qui sont très bonnes rôties et bouillies. Toute cette terre est noire, sans aucun rocher, sinon qu'il y a grande quantité d'ardoise : elle est fort tendre et, si elle était bien cultivée, elle serait de bon rapport*. Du côté du nord, il y a une rivière qui s'appelle Batiscan, qui va fort avant en terre, par où quelquefois les Algonquins viennent, et une autre du même côté à trois lieues dudit Sainte-Croix sur le chemin de Québec, qui est celle où vint Jacques Cartier au commencement de la découverte qu'il en fit, et il ne passa point plus outre[3]. Ladite rivière est plaisante et va assez avant dans les terres. Tout ce côté du nord est fort uni et agréable.

Rivière qui s'appelle Batiscan

Le mardi[4], 24e jour dudit mois, nous partîmes dudit Sainte-Croix, où nous retardâmes une marée et demie, pour le lendemain pouvoir passer de jour, à cause de la grande quantité de rochers qui sont au travers* de ladite rivière (chose étrange à voir), qui assèche* presque toute de basse mer. Mais à demi-flot, l'on peut commencer à passer librement ; toutefois il faut y prendre bien garde avec la sonde à la main. La mer y croît près de trois brasses* et demie. Plus nous allions en avant et plus le pays est beau. Nous fûmes* à quelque

Rochers dangereux

Beau pays

cinq lieues et demie mouiller l'ancre à la bande* du nord. Le mercredi suivant, nous partîmes de cedit lieu, qui est pays plus plat que celui de devant, plein de grandes quantités d'arbres comme à Sainte-Croix. Nous passâmes près d'une petite île, qui était remplie de vignes, et vînmes mouiller l'ancre, à la bande* du sud, près d'un petit coteau; mais étant dessus, ce sont terres unies. Il y a une autre petite île à trois lieues de Sainte-Croix, proche de la terre du sud. Nous partîmes le jeudi suivant dudit coteau et passâmes près d'une petite île qui est proche de la bande* du nord, où je fus* à quelque six petites rivières, dont il y en a deux qui peuvent porter les bateaux assez avant, et une autre qui a quelque trois cents pas* de large. À son entrée, il y a quelques îles[5]; elle va fort avant dans la terre, est la plus creuse de toutes les autres, lesquelles sont fort plaisantes à voir, les terres étant pleines d'arbres qui ressemblent à des noyers et en ont la même odeur, mais je n'y ai point vu de fruit, ce qui me met en doute. Les Sauvages m'ont dit qu'il porte son fruit comme les nôtres.

Île remplie de vignes

Autre petite île

De deux rivières avec d'autres petites

Arbres ressemblant à des noyers

Passant plus outre, nous rencontrâmes une île, qui s'appelle Saint-Éloi[6], et une autre petite île, laquelle est tout proche de la terre du nord. Nous passâmes entre ladite île et ladite terre du nord, où il y a de l'un à l'autre quelque cent cinquante pas*. De ladite île jusqu'à la

Île Saint-Éloi

bande* du sud, [à] une lieue et demie, nous passâmes proche* d'une rivière[7], où peuvent aller les canots. Toute cette côte du nord est assez bonne : l'on peut y aller librement, néanmoins la sonde à la main, pour éviter certaines pointes. Toute cette côte que nous rangeâmes* est sable mouvant, mais entrant quelque peu dans les bois, la terre est bonne.

D'une autre petite rivière

Côte sablonneuse

Le vendredi suivant, nous partîmes de cette île, côtoyant toujours la bande* du nord tout proche* terre, qui est basse et pleine de tous bons arbres, et en quantité, jusqu'aux Trois-Rivières[8], où il commence d'y avoir température de temps quelque peu dissemblable à celui de Sainte-Croix, d'autant que les arbres sont plus avancés qu'en aucun lieu que j'eusse encore vu. Des Trois-Rivières jusqu'à Sainte-Croix, il y a quinze lieues. En cette rivière, il y a six îles, trois desquelles sont fort petites, et les autres de quelque cinq à six cents pas* de long, fort plaisantes et fertiles pour le peu qu'elles contiennent*. Il y en a une au milieu de ladite rivière qui regarde* le passage de celle de Canada et commande* aux autres éloignées de la terre, tant d'un côté que d'autre de quatre à cinq cents pas*. Elle est élevée du côté du sud et va quelque peu en baissant du côté du nord. Ce serait à mon jugement un lieu propre pour habiter* et on pourrait le fortifier promptement, car sa situation est forte de soi et proche* d'un grand lac[9] qui n'en est

Des Trois-Rivières

D'une île qui est propre à habiter

qu'à quelque quatre lieues, lequel presque joint* la rivière du Saguenay, selon le rapport des Sauvages qui vont près de cent lieues au nord et passent nombre de sauts, puis vont par terre quelque cinq ou six lieues et entrent dans un lac[10], d'où ledit Saguenay prend la meilleure part de sa source, et lesdits Sauvages viennent dudit lac à Tadoussac. Aussi l'habitation* des Trois-Rivières serait un bien pour la liberté de quelques nations qui n'osent venir par là, à cause desdits Iroquois, leurs ennemis, qui tiennent toute ladite rivière de Canada bordée : mais étant habité*, on pourrait rendre lesdits Iroquois et autres Sauvages amis ; ou à tout le moins sous la faveur de ladite habitation*, lesdits Sauvages viendraient librement sans crainte et danger, d'autant que ledit lieu des Trois-Rivières est un passage. Toute la terre que je vis à la terre du nord est sablonneuse.

Le bien que pourrait apporter l'habitation des Trois-Rivières

Nous entrâmes environ une lieue dans ladite rivière et ne pûmes passer plus outre, à cause du grand courant d'eau. Avec un esquif*, nous fûmes* pour voir plus avant, mais nous ne fîmes pas plus d'une lieue que nous rencontrâmes un saut d'eau fort étroit, comme de douze pas*, ce qui fut occasion* que nous ne pûmes passer plus outre. Toute la terre que je vis au bord de ladite rivière va en haussant de plus en plus, qui est remplie de quantités de sapins et cyprès et de fort peu d'autres arbres.

Grand courant d'eau

D'un petit saut d'eau

Terre allant en haussant

NOTES

1. En remontant le fleuve Saint-Laurent jusqu'à Montréal, lors de son deuxième voyage, Cartier avait été émerveillé par la richesse du paysage qui se déroulait sous ses yeux : « Toute la terre des deux côtés dudit fleuve jusqu'à Hochelaga et outre est aussi belle et unie que jamais homme regarda. [...] Toute cette-dite terre est couverte et pleine de bois de plusieurs sortes et force vignes excepté alentour des peuples laquelle ils ont désertée [défrichée] pour faire leur demeure et labour. Il y a grand nombre de cerfs, daims, ours et autres bêtes. [...] Il y a force loirs, bièvres [castors], martres, renards, lièvres, connins [lapins], écureuils, rats [...]. Il y a aussi grand nombre d'oiseaux [...]. Vous trouverez jusqu'audit Canada force baleines, marsouins [...] » (*Relations*, p. 166-167).
2. Champlain désigne sans doute, sur la rive sud, les rivières Etchemin, Chaudière, Auneuse et du Petit-Saut ; sur la rive nord, les rivières Cap-Rouge et Jacques-Cartier. Sainte-Croix est aujourd'hui la Pointe-au-Platon.
3. Du « même côté » que la rivière Batiscan, coule la Jacques-Cartier. Au cours de son deuxième voyage, Cartier s'était rendu jusqu'à Montréal. Champlain a-t-il bien lu la relation de Cartier ou limite-t-il délibérément la portée du voyage de celui-ci pour contester les prétentions des marchands de Saint-Malo ? Exclus du monopole commercial, ceux-ci invoquaient justement les découvertes de Cartier pour demander le rétablissement de la liberté de traite. Dans ses *Voyages* publiés en 1613, Champlain avouera, de manière oblique, que Cartier alla jusqu'à la région montréalaise, quand il écrira que « ceux de Saint-Malo » ne peuvent s'attribuer « les découvertures et richesses » du Canada « pour être ledit Cartier de leur ville » ; bien plus, « ledit Cartier au voyage qu'il a fait ne passa jamais ledit grand saut Saint-Louis [les rapides de Lachine] » (p. 318).
4. L'édition originale porte *mercredi*, mais il s'agit d'une erreur manifeste.
5. L'imprécision de la description ne permet guère d'identifier les lieux mentionnés dans ce paragraphe. Le premier groupe

d'îles, situé près de Deschaillons, correspond probablement à l'îlet Mayrand, l'île Richelieu et l'île de la Batture. Les « six petites rivières » sont les différents canaux de la rivière Sainte-Anne, qui, à cette époque, se déversaient dans le Saint-Laurent en plusieurs embouchures. Les îles, « à son entrée », séparaient les différents canaux de la rivière Sainte-Anne ; elles sont maintenant rattachées à la terre ferme, mais la toponymie moderne conserve des traces de leur présence : Île-Saint-Ignace, Île-à-Tessier et Île-du-Large.

6. L'île Nobert, à l'embouchure de la rivière Batiscan. L'île Carignan, encore appelée jusqu'à tout récemment l'Île-à-Valdor, est l'autre « petite île » mentionnée plus loin par Champlain.

7. La rivière Champlain.

8. Ce toponyme désignait à la fois la localité de Trois-Rivières et la rivière Saint-Maurice, divisée à son embouchure en plusieurs bras par des îles (ce qui lui valut ce nom de Trois-Rivières). Le toponyme « Saint-Maurice » n'apparaît qu'au début du XVIIIe siècle.

9. Le lac Saint-Pierre.

10. Le lac Saint-Jean.

CHAPITRE VII

Longueur, largeur et profondeur d'un lac et des rivières qui entrent dedans, des îles qui y sont; quelles terres l'on voit dans le pays, de la rivière des Iroquois et de la forteresse des Sauvages qui leur font la guerre

Le samedi suivant, nous partîmes des Trois-Rivières et vînmes mouiller l'ancre à un lac[1] où il y a quatre lieues. Tout ce pays, depuis les Trois-Rivières jusqu'à *Terres basses* l'entrée dudit lac, est terre à fleur d'eau et, du côté du sud, quelque peu plus haute. Ladite terre est très bonne et la plus plaisante que nous eussions encore vue ; les bois y sont assez clairs, ce qui fait que l'on pourrait traverser aisément. Le lendemain, 29e de juin, nous entrâmes *D'un lac* dans le lac, qui a quelque quinze lieues de long et quelque sept ou huit lieues de large ; à son entrée du côté du sud [à] environ une lieue, il y a une rivière qui est assez grande et va dans les terres quelque soixante ou quatre-vingts lieues ;

et continuant du même côté, il y a une autre petite rivière[2] qui entre environ deux lieues en terre et sort de dedans un autre petit lac qui peut contenir* quelque trois ou quatre lieues. Du côté du nord, où la terre y paraît fort haute, on voit jusqu'à quelque vingt lieues, mais peu à peu les montagnes viennent en diminuant vers l'ouest comme pays plat. Les Sauvages disent que la plupart de ces montagnes sont mauvaises terres. Ledit lac a quelque trois brasses* d'eau par où nous passâmes, qui fut presqu'au milieu ; la longueur gît d'est en ouest et la largeur, du nord au sud[3]. Je crois qu'il ne laisserait* pas d'y avoir de bons poissons, comme les espèces que nous avons par-deçà. Nous le traversâmes ce même jour et vînmes mouiller l'ancre à environ deux lieues dans la rivière qui va au haut à l'entrée de laquelle il y a trente petites îles[4] ; selon ce que j'ai pu voir, les unes sont de deux lieues, d'autres d'une lieue et demie et quelques-unes moindres, lesquelles sont remplies de quantité de noyers, qui ne sont guère différents des nôtres, et je crois que les noix en sont bonnes à leur saison ; j'en vis en quantité sous les arbres, lesquelles étaient de deux façons, les unes petites et les autres longues, comme d'un pouce, mais elles étaient pourries. Il y a aussi quantité de vignes sur le bord desdites îles ; mais quand les eaux sont grandes, la plupart

Terres qui paraissent fort hautes

Îles à la sortie du lac

d'entre elles sont couvertes d'eau ; et ce pays est encore meilleur qu'aucun autre que j'eusse vu.

Bonnes terres

Le dernier de juin, nous en partîmes et vînmes passer à l'entrée de la rivière des Iroquois[5], où étaient cabanés et fortifiés les Sauvages qui leur allaient faire la guerre. Leur forteresse est faite de quantité de bâtons fort pressés les uns contre les autres, laquelle vient joindre* d'un côté sur le bord de la grande rivière, et l'autre sur le bord de la rivière des Iroquois, et leurs canots arrangés* les uns contre les autres sur le bord, pour pouvoir promptement fuir, si d'aventure ils sont surpris des Iroquois, car leur forteresse est couverte d'écorce de chênes et ne leur sert que pour avoir le temps de s'embarquer. Nous fûmes* dans la rivière des Iroquois quelque cinq ou six lieues et ne pûmes passer plus outre avec notre barque, à cause du grand cours d'eau qui descend, et aussi que l'on ne peut aller par terre et tirer la barque pour* la quantité d'arbres qui sont sur le bord. Voyant ne pouvoir avancer davantage, nous prîmes notre esquif*, pour voir si le courant était plus adouci, mais allant à quelque deux lieues il était encore plus fort et nous ne pûmes avancer plus avant[6]. Ne pouvant faire autre chose, nous nous en retournâmes en notre barque. Toute cette rivière est large de quelque trois ou quatre cents pas*, fort saine. Nous y vîmes cinq îles, distantes

Sauvages cabanés, fortifiés à l'entrée de la rivière des Iroquois

Rivière des Iroquois

Îles

les unes des autres d'un quart ou d'une demi-lieue, ou d'une lieue au plus, une desquelles contient* une lieue, qui est la plus proche*, et les autres sont fort petites. Toutes ces terres sont couvertes d'arbres et terres basses, comme celles que j'avais vues auparavant, mais il y a plus de sapins et cyprès qu'aux autres lieux. La terre ne laisse* pas d'y être bonne, bien qu'elle soit quelque peu sablonneuse. Cette rivière va comme* au sud-ouest.

Terres basses

Rapport des Sauvages de la rivière des Iroquois

Les Sauvages disent qu'à quelque quinze lieues d'où nous avions été, il y a un saut qui vient de fort haut, où ils portent leurs canots pour les passer environ un quart de lieue, et ils entrent dans un lac où, à l'entrée, il y a trois îles; et étant dedans, ils en rencontrent encore quelques-unes. Il peut contenir* quelque quarante ou cinquante lieues de long, et de large quelque vingt-cinq lieues, dans lequel descendent quantité de rivières jusqu'au nombre de dix, lesquelles portent canots assez avant[7]. Puis venant à la fin dudit lac, il y a un autre saut, et ils rentrent dans un autre lac[8], qui est de la grandeur dudit premier, au bout duquel sont cabanés les Iroquois[9]. Ils disent aussi qu'il y a une rivière[10] qui va se rendre à la côte de la Floride, d'où il y peut avoir, dudit dernier lac, quelque cent ou cent quarante lieues. Tout le pays des Iroquois est quelque peu montagneux, néanmoins pays très bon, tempéré, sans beaucoup d'hiver, que* fort peu.

Quel est le pays des Iroquois

NOTES

1. Le lac Saint-Pierre, qui s'étire sur environ 35 kilomètres; Champlain en surestime la grandeur.
2. La première rivière est sans doute la Nicolet. Comme elle se déverse dans le lac Saint-Pierre par deux embranchements, il est probable que l'autre petite rivière soit le chenal de la Ferme. Un peu plus haut, la rivière Nicolet se divise en deux branches (la Nicolet et la Nicolet Sud-Ouest), ce qui a pu inciter Champlain, sur le rapport de ses informateurs, à croire qu'il s'agissait de deux rivières différentes.
3. L'édition originale porte: « … gît d'est en ouest, et de la largeur… »
4. Sur le fleuve Saint-Laurent, au débouché du lac Saint-Pierre, se trouvent plusieurs îles: Dupas, de Grâce, Madame, Saint-Ignace, aux Castors, aux Ours, du Moine…
5. La rivière Richelieu.
6. Champlain aurait alors atteint les rapides de Saint-Ours.
7. Après les rapides de Chambly, à l'entrée du lac Champlain (qui mesure 180 kilomètres de longueur), on trouve les îles La Motte, North Hero et South Hero. Plusieurs des rivières qui se déversent dans le lac Champlain sont très petites; parmi les plus importantes, mentionnons Great Chazy, Missisquoi, Lamoille, Winooski. En 1609, Champlain naviguera sur ce lac pour accompagner un groupe d'Amérindiens dans une expédition guerrière en territoire iroquois.
8. Le lac George, dans l'état de New York, beaucoup moins grand que le lac Champlain.
9. Sur le territoire iroquois, voir l'Introduction, p. 26-27.
10. Le fleuve Hudson, qui se jette dans l'Atlantique à New York. Henry Hudson sera le premier Européen à remonter son cours en 1609. Les Hollandais y construisirent un fort en 1614, jetant les fondements de la Nouvelle-Hollande, qui sera conquise par les Anglais en 1664.

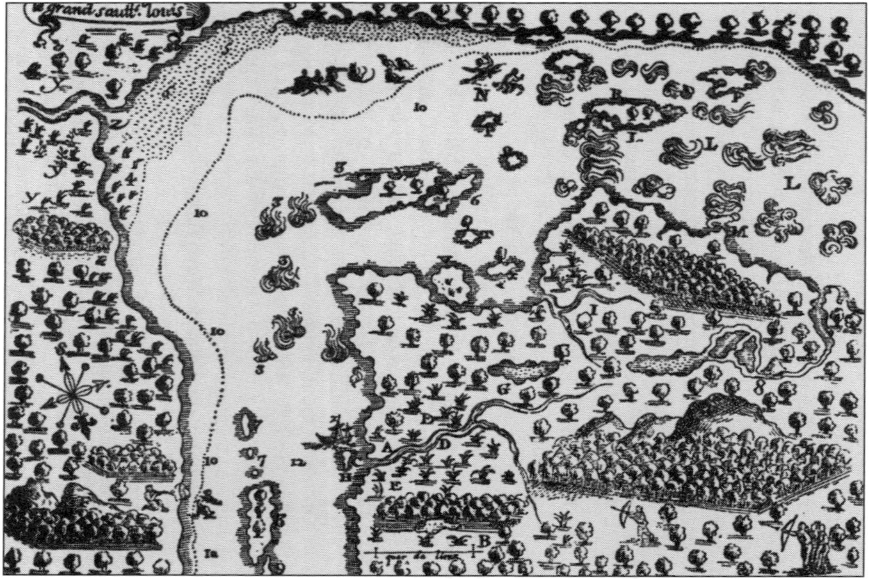

Les rapides de Lachine, que Champlain appellera « le Grand Saut Saint-Louis » dans sa carte de 1613 (Bibliothèque nationale du Québec, Montréal).

CHAPITRE VIII

Arrivée au saut, sa description, et ce qui s'y voit de remarquable, avec le rapport des Sauvages de la fin de la grande rivière

Partant de la rivière des Iroquois, nous fûmes* mouiller l'ancre à trois lieues de là, à la bande* du nord. Tout ce pays est une terre basse, remplie de toutes les sortes d'arbres que j'ai dit ci-dessus. Le premier jour de juillet, nous côtoyâmes la bande* du nord où le bois est fort clair, plus qu'en aucun lieu que nous avions encore vu auparavant, et toute bonne terre pour cultiver. Je me mis dans un canot à la bande* du sud, où je vis quantité d'îles[1], lesquelles sont fort fertiles en fruits, comme vignes, noix, noisettes, et une manière de fruit qui semble* à des châtaignes, cerises, chênes, trembles, pible*, houblon, frêne, érable, hêtre, cyprès, fort peu de pins et sapins; il y a aussi d'autres arbres que je ne connais point, lesquels sont fort agréables. Il s'y trouve quantité de fraises, framboises,

Terres basses

Îles en quantité fertiles

groseilles, rouges, vertes et bleues, avec force petits fruits qui y croissent parmi grande quantité d'herbages. Il y a aussi plusieurs bêtes sauvages, comme orignaux, cerfs, biches, daims, ours, porcs-épics, lapins, renards, castors, loutres, rats musqués, et quelques autres sortes d'animaux que je ne connais point, lesquels sont bons à manger et dont vivent les Sauvages.

Des bêtes sauvages

Nous passâmes contre une île[2] qui est fort agréable et contient* quelque quatre lieues de long, et environ une demie de large. Je vis à la bande* du sud deux hautes montagnes, qui paraissaient comme* à quelque vingt lieues dans les terres; les Sauvages me dirent que c'était le premier saut de ladite rivière des Iroquois. Le mercredi suivant, nous partîmes de ce lieu et fîmes quelque cinq ou six lieues. Nous vîmes quantité d'îles; la terre y est fort basse et elles sont couvertes de bois ainsi que celles de la rivière des Iroquois. Le jour suivant, nous fîmes quelques lieues et passâmes aussi par quantité d'autres îles[3] qui sont très bonnes et plaisantes, pour* la quantité de prairies qu'il y a, tant du côté de terre ferme que des autres îles; et tous les bois y sont fort petits, au regard de ceux que nous avions passés.

Île agréable

Montagnes qui paraissent dans les terres

Îles en quantité

Bois fort petit

Enfin, nous arrivâmes cedit jour à l'entrée du saut, avec vent en poupe, et rencontrâmes une île[4] qui est presque au

Entrée du saut

milieu de ladite entrée, laquelle contient* un quart de lieue de long, et passâmes à la bande* du sud de ladite île, où il n'y avait que de trois à quatre ou cinq pieds d'eau, et aucunes* fois une brasse* ou deux, et puis tout d'un coup nous n'en trouvions que trois ou quatre pieds. Il y a force *Îles* rochers et petites îles, où il n'y a point de bois, et elles sont à fleur d'eau. Du commencement de la susdite île, qui est au milieu de ladite entrée, l'eau commence à *Grand courant d'eau* venir de grande force; bien que nous eussions le vent fort bon, nous ne pûmes pourtant en toute notre puissance beaucoup avancer, toutefois nous passâmes ladite île qui est à l'entrée dudit saut. Voyant que nous ne pouvions avancer, nous vînmes mouiller l'ancre à la bande* *Île où nous mouillâmes l'ancre* du nord, contre une petite île[5] qui est fertile en la plupart des fruits que j'ai dit ci-dessus. Nous appareillâmes aussitôt notre esquif*, que l'on avait fait faire exprès pour passer ledit saut, dans lequel nous entrâmes, ledit sieur du Pont[6] et moi, avec quelques autres Sauvages que nous avions menés pour nous montrer le chemin. Partant de notre barque, nous ne fûmes* pas à *Passage mauvais* trois cents pas* qu'il nous fallut descendre et quelques matelots se mettre à l'eau pour [faire] passer notre esquif*; le canot des Sauvages passait aisément. Nous rencon- *Rochers* trâmes une infinité de petits rochers qui étaient à fleur d'eau, où nous touchions souventes fois. Il y a deux grandes îles, une du côté du nord[7], laquelle contient* quelque quinze lieues de long et presque autant de large [et qui] commence à quelque douze lieues dans la rivière de Canada, allant vers la rivière des Iroquois, et vient tomber par-delà le saut. L'île qui est à la bande* du sud a quelque quatre lieues de long et une demie de large. Il y a encore une autre île qui est proche de celle du nord, laquelle peut tenir* quelque demi-lieue de long et un quart de large, et une autre petite île qui est entre celle du nord et l'autre plus proche* du sud, par où nous passâmes l'entrée du saut. Étant passée, il y a une manière de lac[8], où sont toutes ces îles, lequel peut contenir* quelque cinq lieues de long et presque autant de large, où il y a quantité de petites îles qui sont rochers. Il y a proche* dudit saut une montagne[9] qui découvre* assez loin dans lesdites terres, et une petite rivière qui vient de ladite montagne tomber dans le lac. L'on voit du côté du sud quelque trois ou quatre montagnes qui paraissent comme* à quelque quinze ou seize lieues dans les terres. Il y a aussi deux rivières, l'une qui va au premier lac de la rivière des Iroquois, par où quelquefois les Algonquins leur vont faire la guerre, et l'autre qui est proche* du saut qui va quelque peu dans les terres.

Deux grandes îles

Manière de lac

Montagne proche du saut

Rivière dans le lac qui va aux Iroquois

Venant à approcher dudit saut avec notre petit esquif* et le canot, je vous assure que jamais je ne vis un torrent

Arrivée au saut avec l'esquif

Torrent d'eau au saut

Hauteur du saut

Rochers dans le saut

Îles

Impossible de passer le saut par bateau

Traverses que nous fîmes par terre pour voir la fin du saut

Cours d'eau au-dessus du saut

Moyen de passer le saut

Bonnes terres

d'eau déborder avec une telle impétuosité comme il fait, bien qu'il ne soit pas beaucoup haut, n'étant en d'aucuns* lieux que d'une brasse ou de deux et au plus de trois. Il descend comme de degré en degré et, en chaque lieu où il y a quelque peu de hauteur, il s'y fait un ébouillonnement étrange de la force et raideur que va l'eau en traversant ledit saut* qui peut contenir* une lieue. Il y a force rochers de large et, environ au milieu, il y a des îles qui sont fort étroites et fort longues, où il y a saut tant du côté desdites îles qui sont au sud, comme du côté du nord, où il fait si dangereux qu'il est hors de la puissance d'homme d'y passer un bateau, pour petit qu'il soit. Nous fûmes* par terre dans les bois pour en voir la fin, où il y a une lieue, et où l'on ne voit plus de rochers ni de sauts*, mais l'eau y va si vite qu'il est impossible de plus ; et ce courant contient* quelque trois ou quatre lieues, de façon que c'est en vain de s'imaginer que l'on peut passer aucuns* bateaux par lesdits sauts. Mais qui les voudrait passer, il se faudrait accommoder des canots des Sauvages, qu'un homme peut porter aisément, car de porter [des] bateaux, c'est chose qui ne peut se faire en si bref temps comme il le faudrait pour pouvoir s'en retourner en France, si l'on n'y hivernait.

Et outre ce saut premier, il y en a dix autres, la plupart difficiles à passer, de façon que ce serait de grandes peines et travaux pour pouvoir voir et faire ce que l'on pourrait se promettre par bateau, si ce n'était à grands frais et dépens, et encore en danger de travailler en vain ; mais avec les canots des Sauvages l'on peut aller librement et promptement en toutes les terres, tant aux petites rivières comme aux grandes. Si bien qu'en se gouvernant par le moyen desdits Sauvages et de leurs canots, l'on pourra voir tout ce qui se peut, bon et mauvais, dans un an ou deux. Tout ce peu de pays du côté dudit saut que nous traversâmes par terre, est bois fort clair, où l'on peut aller aisément, avec armes, sans beaucoup de peine ; l'air y est plus doux et tempéré et de meilleure terre qu'en lieu que j'eusse vu, où il y a quantité de bois et fruits, comme en tous les autres lieux ci-dessus, et est par les 45 degrés et quelques minutes.

Bonnes terres et bois fort clair

Ledit saut est par les 45 degrés et quelques minutes

Voyant que nous ne pouvions faire davantage, nous nous en retournâmes en notre barque, où nous interrogeâmes les Sauvages que nous avions, de la fin de la rivière, que je leur fis figurer* de leur main, et de quelle partie procédait* sa source. Ils nous dirent que passé le premier saut que nous avions vu, ils faisaient quelque dix ou quinze lieues avec leurs canots dans la rivière, où il y a une rivière[10] qui va en la demeure des Algonquins, qui sont à quelque soixante lieues éloignés de la grande rivière, et puis ils

Sauvages que nous interrogeâmes, où est la fin de la grande rivière

venaient à passer cinq sauts, lesquels peuvent contenir* du premier au dernier huit lieues, desquels il y en a deux où ils portent leurs canots pour les passer. Chaque saut peut tenir* quelque demi-quart de lieue, ou un quart au plus. Et puis ils viennent dans un lac[11], qui peut tenir* quelque quinze ou seize lieues de long. De là, ils rentrent dans une rivière qui peut contenir* une lieue de large et font quelque deux lieues dedans, et puis rentrent dans un autre lac de quatre ou cinq lieues de long; venant au bout duquel, ils passent cinq autres sauts, distants, du premier au dernier, de quelque vingt-cinq ou trente lieues, dont il y en a trois où ils portent leurs canots pour les passer; et les autres deux ils ne les font que traîner dans l'eau, d'autant que le cours n'y est si fort ni mauvais comme aux autres. De tous ces sauts, aucun n'est si difficile à passer comme celui que nous avons vu. Et puis ils viennent dans un lac[12] qui peut tenir* quelque quatre-vingts lieues de long, où il y a quantité d'îles, et au bout duquel l'eau est salubre et l'hiver doux.

À la fin dudit lac, ils passent un saut qui est quelque peu élevé[13], où il y a peu d'eau, laquelle descend; là, ils portent leurs canots par terre environ un quart de lieue pour passer ce saut. De là, ils entrent dans un autre lac[14] qui peut tenir* quelque soixante lieues de long, et dont l'eau est fort salubre; étant à la fin ils viennent à un détroit[15] qui contient* deux lieues de large et va assez avant dans les terres. [Ils dirent] qu'ils n'avaient point passé plus outre et n'avaient pas vu la fin d'un lac qui est à quelque quinze ou seize lieues d'où ils ont été, ni que ceux qui le leur avaient dit eussent vu homme qui l'eût vu, d'autant qu'il est si grand qu'ils ne se hasarderont pas de se mettre au large, de peur que quelque tourmente ou coup de vent ne les surprît; ils dirent qu'en été le soleil se couche au nord dudit lac, qu'en hiver il se couche comme* au milieu, que l'eau y est très mauvaise, comme celle de cette mer.

Je leur demandai si, depuis cedit lac dernier qu'ils avaient vu, l'eau descendait toujours dans la rivière venant à Gaspé; ils me dirent que non, que depuis le troisième lac[16], elle descendait seulement venant audit Gaspé, mais que depuis le dernier saut[17] qui est quelque peu haut, comme j'ai dit, l'eau était presque pacifique, et que ledit lac pouvait prendre cours par d'autres rivières, lesquelles vont dans les terres, soit au sud ou au nord, dont il y a quantité qui y refluent et dont ils ne voient point la fin[18]. Or à mon jugement, si tant de rivières débordent dans ce lac, n'ayant que si peu de cours audit saut, il faut, par nécessité, qu'il reflue dans quelque grandissime rivière. Mais ce qui me fait croire qu'il n'y a point de rivière par où cedit lac reflue, vu le nombre de toutes les autres rivières qui refluent dedans, c'est que les Sauvages n'ont vu aucune rivière qui prît son cours par dedans les terres, qu'au lieu où ils ont été. Ce qui me fait croire que c'est la mer du Sud[19], étant salée comme ils disent; toutefois il n'y faut tant ajouter de foi, que ce ne soit avec raisons apparentes*, bien qu'il y en ait quelque peu. Voilà au certain* tout ce que j'ai vu ci-dessus et ouï dire aux Sauvages sur ce que nous les avons interrogés.

NOTES

1. Les plus importantes sont les îles Saint-Ours, Duval, aux Bœufs, Ronde, Grande Île, Devant-l'Église, Hurteau, aux Rats, aux Veaux et au Dragon.
2. Les îles Verchères, constituées des îles Bouchard, Marie, Desmarais et Beauregard, partiellement reliées à marée basse. Les « deux hautes montagnes » sont les monts Saint-Bruno et Saint-Hilaire. Le « premier saut » constitue les rapides de Chambly.
3. Les plus importantes sont l'île Sainte-Thérèse et les îles de Boucherville.
4. L'île Sainte-Hélène. Ce que Champlain considère comme « l'entrée du saut » est le courant Sainte-Marie ; les rapides de Lachine forment le « saut » proprement dit.
5. Cette petite île du port de Montréal, maintenant rattachée à la terre ferme, forme le bassin Market.
6. Gravé du Pont, qui dirige l'expédition de 1603, connaissait déjà le Saint-Laurent pour y avoir fait la traite dans les dernières années du XVIe siècle. En 1600, par exemple, il avait accompagné Chauvin à Tadoussac. Il reviendra régulièrement dans la colonie jusqu'en 1629.
7. L'île de Montréal. Les autres sont l'île Perrot, l'île des Sœurs, l'ancienne île Ronde, rattachée à l'île Sainte-Hélène lors de l'Exposition universelle de 1967, et l'île Sainte-Hélène.
8. Le bassin de La Prairie.
9. Le mont Royal. Au pied de cette montagne, Cartier avait visité, au cours de son deuxième voyage, un village iroquoien du nom d'Hochelaga ; il n'en restait apparemment pas de traces lorsque Champlain visita la région. Les « trois ou quatre montagnes » sont les monts Saint-Bruno, Saint-Hilaire, Rougemont, Yamaska et Saint-Grégoire. Les deux rivières sont sans doute la rivière Saint-Jacques, autrefois appelée Saint-Lambert, reliée par un portage à la rivière l'Acadie, qui se déverse dans le bassin de Chambly (le « premier lac de la rivière des Iroquois »), et la rivière de la Tortue.

Dans son deuxième voyage, Cartier avait décrit le même paysage, mais en vue plongeante, dans une perspective panoramique très large, du haut du mont Royal : « étant sur ladite montagne, eûmes vue et connaissance de plus de trente lieues, à l'environ de celle-ci dont il y a vers le nord une rangée de montagnes [les Laurentides] qui sont est et ouest gisant et autant vers le sud [les Adirondacks et les Montagnes Vertes]. Entre lesquelles montagnes est la terre la plus belle qu'il soit possible de voir, labourable, unie et plane. Et par le milieu desdites terres voyons ledit fleuve outre où étaient demeurées nos barques où il y a un saut d'eau [les rapides de Lachine] le plus impétueux qu'il soit possible de voir, lequel ne nous fut [pas] possible de passer [...]. Et puis [les guides amérindiens] nous montraient que lesdits sauts passés l'on pouvait naviguer plus de trois lunes [environ trois mois] par ledit fleuve. Et outre nous montraient que le long desdites montagnes étant vers le nord [il] y a une grande rivière qui descend de l'Occident comme ledit fleuve. Nous estimons que c'est la rivière qui passe par le royaume et province du Saguenay » (*Relations*, p. 156).

10. La rivière des Outaouais.

11. Le lac Saint-François, puis le haut Saint-Laurent (« une rivière »), qui, en s'élargissant, formera le lac appelé aujourd'hui Saint Lawrence (Ontario).

12. Le lac Ontario, le plus petit des Grands Lacs (il mesure 311 kilomètres de longueur et 85 de largeur). Il est relié au lac Érié par les chutes Niagara. À son entrée, se trouvent l'archipel des Mille-Îles, l'île Wolfe, l'île Howe et l'île Amherst ; à l'autre extrémité, l'île Toronto fait face à la ville du même nom.

13. Les chutes Niagara, qui mesurent, du côté américain, 55,5 mètres de hauteur et 328 de largeur, et, du côté canadien, 54 mètres de hauteur et 640 de largeur.

14. Le lac Érié mesure 338 kilomètres de longueur et 48 à 92 de largeur.

15. Le détroit des lacs Érié et Huron. Il change de nom de part et d'autre du lac Sainte-Claire : dans sa partie sud, du lac Érié au lac Sainte-Claire, il porte le nom de rivière Détroit ; dans sa partie nord, du lac Sainte-Claire au lac Huron, c'est la rivière

Sainte-Claire. Le lac Huron, « qui est à quelque quinze ou seize lieues », mesure 330 kilomètres de longueur et 294 de largeur (incluant la baie Georgienne) ; il se déverse dans le lac Érié par la rivière Sainte-Claire et reçoit les eaux du lac Supérieur par la rivière Saint Mary et celles du lac Michigan par le détroit de Mackinac.

16. Le lac Ontario.

17. Les chutes Niagara.

18. Tous les Grands Lacs se déversent dans le Saint-Laurent.

19. Le Pacifique, ouvrant sur la Chine et le Japon. En 1524, François Ier avait chargé Verrazano de trouver une route plus courte vers l'Asie ; dix ans plus tard, Cartier cherchera à son tour à « découvrir certaines îles et pays où l'on dit qu'il se doit trouver grande quantité d'or et autres riches choses ». Pendant plus de deux siècles encore, l'Europe tentera de trouver ce fameux « passage du nord-ouest », donnant accès aux fabuleuses richesses de l'Orient. Dans cette perspective, l'Amérique du Nord ne représentait pas un territoire à coloniser, mais un obstacle qui servira de pied-à-terre pour aller plus loin.

CHAPITRE IX

Retour du saut à Tadoussac, avec la confrontation du rapport de plusieurs Sauvages touchant la longueur et commencement de la grande rivière de Canada; du nombre des sauts et lacs qu'elle traverse

Nous partîmes dudit saut le vendredi 4e jour de juillet[1] et revînmes cedit jour à la rivière des Iroquois[2]. Le dimanche 6e jour de juillet, nous en partîmes et vînmes mouiller l'ancre au lac. Le lundi suivant, nous fûmes* mouiller l'ancre aux Trois Rivières. Cedit jour nous fîmes quelque quatre lieues par delà lesdites Trois-Rivières. Le mardi suivant nous vînmes à Québec et le lendemain nous fûmes* au bout de l'île d'Orléans, où les Sauvages vinrent à nous, qui étaient cabanés à la grande terre du nord. Nous interrogeâmes deux ou trois Algonquins pour savoir s'ils se conformeraient* avec ceux que nous avions interrogés touchant la fin et le commencement de

Autre rapport des Sauvages algonquins

ladite rivière de Canada : ils dirent, comme ils l'ont figuré*, que passé le saut que nous avions vu, environ deux ou trois lieues, il va une rivière[3] en leur demeure, qui est en la bande* du nord ; continuant le chemin dans ladite grande rivière [de Canada], ils passent un saut, où ils portent leurs canots, et viennent à passer cinq autres sauts, lesquels peuvent contenir*, du premier au dernier, quelque neuf ou dix lieues, et que lesdits sauts ne sont point difficiles à passer, et ils ne font que traîner leurs canots en la plupart desdits sauts, hormis à deux où ils les portent ; de là, ils viennent à entrer dans une rivière, qui est comme une manière* de lac, laquelle peut contenir* quelque six ou sept lieues ; et puis ils passent cinq autres sauts, où ils traînent leurs canots comme auxdits premiers, hormis à deux, où ils les portent comme aux premiers ; et que du premier au dernier il y a quelque vingt ou vingt-cinq lieues ; puis ils viennent dans un lac qui contient* quelque cent cinquante lieues de long ; et quelque quatre ou cinq lieues à l'entrée dudit lac, il y a une rivière[4] qui va aux Algonquins vers le nord, et une autre qui va aux Iroquois, par où lesdits Algonquins et Iroquois se font la guerre. Et un peu plus haut à la bande* du sud dudit lac, il y a une autre rivière qui va aux Iroquois ; puis venant à la fin dudit lac, ils rencontrent un autre saut[5] où ils portent leurs canots ; de là ils entrent dans un autre très grand lac qui peut contenir* autant que le premier; ils n'y ont été que fort peu dans ce dernier, et ont ouï* dire qu'à la fin dudit lac il y a une mer, dont ils n'ont pas vu la fin, ni ouï* dire qu'aucun l'ait vue. Mais là où ils ont été, l'eau n'est point mauvaise, d'autant qu'ils n'ont point avancé plus haut, et le cours de l'eau vient du côté du soleil couchant venant à l'Orient, et ils ne savent si passé ledit lac qu'ils ont vu, il y a un autre cours d'eau qui aille du côté de l'Occident; le soleil se couche à main droite dudit lac, qui est selon mon jugement au nord-ouest, un peu plus ou moins, et au premier lac l'eau ne gèle point, ce qui fait juger que le temps y est tempéré; et toutes les terres des Algonquins sont terres basses, remplies de fort peu de bois, et du côté des Iroquois sont terres montagneuses, néanmoins elles sont très bonnes et fertiles, et meilleures qu'en aucun endroit qu'ils aient vu; lesdits Iroquois se tiennent à quelque cinquante ou soixante lieues dudit grand lac. Voilà au certain* ce qu'ils m'ont dit avoir vu, qui ne diffère que bien peu au rapport des premiers.

Cedit jour, nous fûmes* proche* de l'île aux Coudres, comme* environ trois lieues. Le jeudi 10e dudit mois, nous vînmes à quelque lieue et demie de l'île aux Lièvres, du côté du nord, où il vint d'autres Sauvages en notre barque, entre*

Rapport d'un jeune homme sauvage algonquin

lesquels il y avait un jeune homme algonquin, qui avait fort voyagé dans ledit grand lac. Nous l'interrogeâmes fort particulièrement* comme nous avions fait [pour] les autres Sauvages[6]. Il nous dit que passé ledit saut que nous avions vu, à quelque deux ou trois lieues, il y a une rivière[7] qui va auxdits Algonquins, où ils sont cabanés, et qu'allant en ladite grande rivière [de Canada] il y a cinq sauts, qui peuvent contenir* du premier au dernier quelque huit ou neuf lieues, dont il y a trois où ils portent leurs canots, et deux autres où ils les traînent; que chacun desdits sauts peut tenir* un quart de lieue de long; puis ils viennent dans un lac qui peut contenir* quelque quinze lieues. Puis ils passent cinq autres sauts, qui peuvent contenir*, du premier au dernier, quelque vingt à vingt-cinq lieues, où il n'y a que deux desdits sauts qu'ils passent avec leurs canots; aux autres trois, ils ne les font que traîner. De là, ils entrent dans un grandissime lac[8], qui peut contenir* quelque trois cents lieues de long. [Il dit qu']avançant quelque cent lieues dans ledit lac, ils rencontrent une île qui est fort grande, où, au delà de ladite île, l'eau est salubre, mais que passant quelque cent lieues plus avant, l'eau est encore plus mauvaise; arrivant à la fin dudit lac, l'eau est du tout* salée; qu'il y a un saut[9] qui peut contenir* une lieue de large, d'où il descend un grandissime courant d'eau dans ledit lac. Que passé ce saut, on ne voit plus de terre, ni d'un côté ni d'autre, sinon une mer si grande qu'ils n'en ont point vu la fin, ni ouï dire qu'aucun l'ait vue ; que le soleil se couche à main droite dudit lac[10] et qu'à son entrée il y a une rivière qui va aux Algonquins et l'autre aux Iroquois, par où ils se font la guerre. Que la terre des Iroquois est quelque peu montagneuse, néanmoins fort fertile, où il y a quantité de blé d'Inde[11] et autres fruits qu'ils n'ont point en leur terre ; que la terre des Algonquins est basse et fertile.

Je leur demandai s'ils n'avaient point connaissance de quelques mines ; ils nous dirent qu'il y a une nation, qu'on appelle les bons Iroquois[12], qui viennent pour troquer des marchandises que les vaisseaux français donnent aux Algonquins, lesquels disent qu'il y a à la partie du nord une mine de franc* cuivre[13], dont ils nous ont montré quelques bracelets qu'ils avaient eus desdits bons Iroquois ; que si l'on y voulait aller, ils y mèneraient ceux qui seraient députés pour cet effet[14]. Voilà tout ce que j'ai pu apprendre des uns et des autres, ne se différant* que bien peu, sinon que les seconds qui furent interrogés dirent n'avoir point bu de l'eau salée ; aussi ils n'ont pas été si loin dans ledit lac comme les autres et diffèrent* quelque peu du chemin, les uns le faisant plus court et les autres plus long, de façon

Peu de différence entre le rapport des Sauvages

que selon leur rapport, du saut où nous avons été, il y a jusqu'à la mer salée, qui peut être celle du Sud, quelque quatre cents lieues; sans doute, selon leur rapport, ce ne doit être autre chose que la mer du Sud, le soleil se couchant où ils disent. Le vendredi onzième[15] dudit mois, nous fûmes de retour à Tadoussac où était notre vaisseau.

Retour à Tadoussac

NOTES

1. Comme deux lignes plus bas, l'édition originale porte ici *juin*, mais il faut lire *juillet*: voir, au début du chapitre VIII: «Le premier jour de juillet, nous côtoyâmes...»
2. La rivière Richelieu, puis le lac Saint-Pierre.
3. La rivière des Outaouais. Les Algonquins confirment ici ce que Champlain avait déjà appris, au chapitre VIII, p. 148-149, sur la route menant au lac Ontario («qui contient quelque cent cinquante lieues de long»).
4. Probablement la rivière Trent (Ontario), reliée au lac Rice puis au lac Simcoe; les deux rivières qui vont «aux Iroquois» sont probablement Oswego et Genesee.
5. Les chutes Niagara, puis le lac Érié. La mer dont parle ensuite Champlain est le lac Huron, qu'il dénomme «Attigouautan» ou «mer Douce» dans ses *Voyages* de 1619. Le lac où «l'eau ne gèle point» est le lac Ontario, au sud duquel se trouvait le territoire iroquois.
6. Voir p. 148-151 et 155-157.
7. La rivière des Outaouais.
8. Probablement le lac Ontario. L'île «fort grande» est vraisemblablement la presqu'île du Prince Edward, délimitée au nord par la baie de Quinté et au sud par le lac Ontario. Un coup d'œil rapide sur une carte géographique donne à penser que Champlain superpose des renseignements touchant les lacs Huron, Érié et Ontario.
9. Les chutes Niagara.
10. L'expression «passé ce saut» paraît suggérer le lac Érié, mais le reste de la phrase semble plutôt désigner le lac Huron.
11. La culture du maïs constituait en effet la principale activité de subsistance des Iroquois.
12. Allusion probable aux Hurons, établis près de la baie Georgienne. Ils s'appelaient eux-mêmes *Ouendat* et formaient, au début du XVIIe siècle, une ligue de quatre nations. Champlain les rencontrera pour la première fois en 1609, lorsqu'il participera à une expédition guerrière contre les Iroquois, en compagnie des Montagnais, des Algonquins et des Etchemins. En

1615, il visitera leur territoire et y séjournera quelques mois, jetant les fondements d'une alliance commerciale durable entre eux et les Français.

13. D'après Sagard *(Le grand voyage*, ch. 13, p. 213-214), les interprètes et explorateurs Grenole et Brûlé se rendront en 1621 jusqu'aux mines de cuivre exploitées par les Indiens au nord du lac Huron.

14. Malgré ces démonstrations de bonne volonté, les Algonquins chercheront à limiter la venue des Français en territoire huron, craignant de perdre leur position d'intermédiaires dans le commerce des fourrures. Cette résistance se manifestera clairement en 1613, lorsque Champlain voudra rejoindre le territoire des Népissingues; les Algonquins de l'Île trouveront diverses excuses pour empêcher les Français de remonter plus haut que l'île Morrison.

15. L'édition originale porte *dixième*, mais il faut lire *onzième*.

CHAPITRE X

Voyage de Tadoussac en l'île Percée, description de la baie des Morues, de l'île de Bonaventure, de la baie des Chaleurs, de plusieurs rivières, lacs et pays où se trouvent plusieurs sortes de mines

Partement de Tadoussac pour aller à Gaspé*

Aussitôt que nous fûmes arrivés à Tadoussac, nous nous rembarquâmes pour aller à Gaspé, qui est distant dudit Tadoussac d'environ cent lieues. Le treizième jour dudit mois, nous rencontrâmes une troupe de Sauvages qui étaient cabanés* du côté du sud, presque au milieu du chemin de Tadoussac à Gaspé; leur sagamo* qui les menait s'appelle Armouchides, qui est tenu pour l'un des plus avisés et hardis qui soit entre* les Sauvages; il s'en allait à Tadoussac pour troquer des flèches et chairs d'orignal, qu'ils ont pour des castors et martres des autres Sauvages montagnais, etchemins et algonquins[1].

Rencontre de Sauvages

Notre arrivée à Gaspé

Le 15e jour dudit mois, nous arrivâmes à Gaspé, qui est dans une baie, comme* à une lieue et demie du côté du nord; ladite baie contient* quelque sept ou huit lieues de long et, à son entrée, quatre lieues de large; il y a une rivière[2] qui va quelque trente lieues dans les terres, puis nous vîmes une autre baie que l'on appelle la baie des Morues, laquelle peut tenir* quelque trois lieues de long, autant de large à son entrée. De là l'on vient à l'île Percée, qui est comme un rocher fort haut, élevé des deux côtés, où il y a un trou par où les chaloupes et bateaux peuvent passer de haute mer; et de basse mer, l'on peut aller de la grande terre à ladite île, qui n'en est qu'à quelque quatre ou cinq cents pas*. En plus, il y a une autre île comme* au sud-est de l'île Percée, à environ une lieue, qui s'appelle l'île de Bonaventure, et peut tenir*, de long, une demi-lieue. Tous cesdits lieux de Gaspé, baie des Morues et île Percée, sont les lieux où se fait la pêche du poisson sec et vert[3].

De la baie des Morues

L'île Percée

L'île de Bonaventure

Passant l'île Percée, il y a une baie qui s'appelle la baie des Chaleurs, qui va comme* à l'ouest-sud-ouest*, quelque quatre-vingts lieues dans les terres, contenant de large en son entrée quelque quinze lieues. Les Sauvages canadiens disent qu'à la grande rivière de Canada, environ quelque soixante lieues, rangeant* la côte du sud, il y a une petite rivière qui s'appelle Matane, laquelle va quelque dix-huit lieues dans les terres; et

De la baie des Chaleurs

étant au bout de celle-ci ils portent leurs canots environ une lieue par terre et viennent se rendre à ladite baie des Chaleurs[4], par où ils vont quelquefois à l'île Percée. Aussi ils vont de ladite baie à Trégate et Miramichi. Continuant ladite côte, on range* quantité de rivières, et vient-on à un lieu où il y a une rivière qui s'appelle Souricoua[5], où le sieur Prévert[6] a été pour découvrir une mine de cuivre. Ils vont avec leurs canots dans cette rivière deux ou trois jours; puis ils traversent quelque deux ou trois lieues de terre, jusqu'à ladite mine, qui est sur le bord de la mer du côté du sud[7]. À l'entrée de ladite rivière, on trouve une île à environ une lieue dans la mer; de ladite île jusqu'à l'île Percée, il y a quelque soixante ou soixante-dix lieues. Puis continuant ladite côte qui va vers l'est, on rencontre un détroit qui peut tenir* deux lieues de large et vingt-cinq de long. Du côté de l'est, est une île qui s'appelle Saint-Laurent[8], où est le Cap-Breton et où une nation de Sauvages appelés les Souriquois[9] hivernent. Passant le détroit de l'île de Saint-Laurent, côtoyant la côte d'Arcadie, on vient dans une baie[10] qui vient joindre ladite mine de cuivre. Allant plus outre, on trouve une rivière qui va quelque soixante ou quatre-vingts lieues dans les terres, laquelle va proche du lac des Iroquois, par où lesdits Sauvages de la côte d'Arcadie leur vont faire la guerre.

De Trégate et Miramichi

Rivière où a été le sieur Prévert

Détroit entre la grande terre et une île

Souriquois, et où ils hivernent

De la mine de cuivre

Rivière à la côte d'Arcadie, allant proche du lac des Iroquois*

Ce serait un grand bien qui pourrait trouver à la côte de la Floride quelque passage qui allât donner proche* du susdit grand lac, où l'eau est salée, tant pour la navigation des vaisseaux, lesquels ne seraient pas sujets à tant de périls qu'ils sont en Canada, que pour l'accourcissement* du chemin de plus de trois cents lieues. Et il est très certain qu'il y a des rivières sur la côte de la Floride que l'on n'a point encore découvertes, lesquelles vont dans les terres, où le pays est très bon et fertile, et de fort bons ports. Le pays et côte de la Floride peut avoir une autre température de temps, plus fertile en quantité de fruits et autres choses que celui que j'ai vu ; mais il ne peut y avoir de terres plus unies ni meilleures que celles que nous avons vues.

Rapport fait des Sauvages d'une rivière qui va dans les terres, où au bout de laquelle il se trouve une manière de métal

Les Sauvages disent qu'en ladite grande baie des Chaleurs, il y a une rivière[11] qui va quelque vingt lieues dans les terres, où au bout est un lac qui peut contenir* quelque vingt lieues, auquel il y a fort peu d'eau, qu'en été il assèche*, auquel ils trouvent dans la terre, environ un pied ou un pied et demi, une manière* de métal qui ressemble à de l'argent que je leur avais montré, et qu'en un autre lieu proche dudit lac il y a une mine de cuivre. Voilà ce que j'ai appris desdits Sauvages.

NOTES

1. Aux pages 118-119 et 121, Champlain a déjà fait allusion à l'existence d'un réseau commercial autochtone étendu.
2. La rivière York sans doute, mais peut-être aussi la rivière Darmouth. La baie « des Morues » s'appelle aujourd'hui La Malbaie.
3. Le « poisson vert », pêché au large, était salé sur le navire ; le « poisson sec » était séché sur les galets du rivage ou sur des « vignaux », sorte de treillis constitués de branches de sapin et suspendus au-dessus du sol.
4. Par un portage jusqu'à la rivière Matapédia, il était possible de rejoindre la baie des Chaleurs par la rivière Matane. Trégate se nomme aujourd'hui Tracadie (Nouveau-Brunswick).
5. Probablement la rivière Shediac, au Nouveau-Brunswick. Un portage permettait d'atteindre la rivière Petitcodiac, qui se jette dans la baie de Chignectou.
6. Jean Sarcel, seigneur de Prévert. Originaire de Saint-Malo, il était un commerçant habitué du Canada.
7. Peut-être le cap d'Or, en Nouvelle-Écosse, dans le bassin des Mines. L'île est peut-être celle de Shediac, au Nouveau-Brunswick. Le détroit est celui de Canso, en Nouvelle-Écosse.
8. L'île du Cap-Breton (Nouvelle-Écosse).
9. Les Micmacs. Outre l'île du Cap-Breton, ils occupent aussi, au XVIIe siècle, la péninsule gaspésienne, la Nouvelle-Écosse, l'Île-du-Prince-Édouard et le Nouveau Brunswick, à l'exception de la vallée de la rivière Saint-Jean, habitée par les Malécites. Les chasseurs micmacs fréquentent aussi l'île d'Anticosti, les îles de la Madeleine et parfois les rives de la Côte-Nord et le sud de Terre-Neuve. Les Micmacs, qui vivent surtout de chasse au gros gibier, de pêche et de cueillette, sont parmi les premiers Amérindiens à entrer en contact avec les Européens et sont rapidement impliqués dans la traite des fourrures. Tout au long des XVIIe et XVIIIe siècles, ils seront les alliés des Français.
10. La baie de Fundy. La rivière Saint-Jean (Nouveau-Brunswick), mentionnée dans la phrase suivante, ne se rend toutefois pas « proche du lac des Iroquois » (le lac Champlain).
11. La rivière Matapédia, qui prend sa source dans le lac du même nom.

CHAPITRE XI

Retour de l'île Percée à Tadoussac, avec la description des anses, ports, rivières, îles, rochers, sauts[1], baies et basses qui sont le long de la côte du nord*

Partement de l'île Percée*

Nous partîmes de l'île Percée le 19e dudit mois pour retourner à Tadoussac. Comme nous fûmes* à quelque trois lieues du cap l'Évêque[2] nous fûmes contrariés d'une tourmente, laquelle dura deux jours, qui nous fit relâcher dans une grande anse en attendant le beau temps. Le lendemain, nous en partîmes et fûmes encore contrariés d'une autre tourmente. Ne voulant relâcher et pensant gagner chemin, nous fûmes* à la côte du nord le 28e jour de juillet, mouiller l'ancre à une anse[3] qui est fort mauvaise, à cause des bancs* de rochers qu'il y a ; cette anse est par les 51 degrés et quelques minutes. Le lendemain, nous vînmes mouiller l'ancre proche* d'une rivière qui s'appelle Sainte-Marguerite, où il y a, de pleine

Tourmente

Autre tourmente

Côte du nord où nous relâchâmes

De la rivière Sainte-Marguerite

mer, quelque trois brasses* d'eau et une brasse* et demie de basse mer; elle va assez avant. À ce que j'ai vu dans [la] terre du côté de l'est, il y a un saut d'eau qui entre dans ladite rivière et vient de quelque cinquante ou soixante brasses* de haut, d'où procède* la plus grande part de l'eau qui descend dedans. À son entrée, il y a un banc de sable, où il peut y avoir de basse eau une demi-brasse*. Toute la côte du côté de l'est est sable mouvant, où il y a une pointe à quelque demi-lieue de ladite rivière qui avance une demi-lieue en la mer[4]; et du côté de l'ouest, il y a une petite île; cedit lieu est par les 50 degrés. Toutes ces terres sont très mauvaises, remplies de sapins; la terre y est quelque peu haute, mais non tant que celle du sud. À quelque trois lieues de là, nous passâmes proche* d'une autre rivière[5], laquelle semblait être fort grande, barrée néanmoins la plupart de rochers. À quelque huit lieues de là, il y a une pointe qui avance une lieue et demie à la mer, où il n'y a qu'une brasse* et demie d'eau. Passée cette pointe, il s'en trouve une autre à quelque quatre lieues, où il y a assez d'eau. Toute cette côte est terre basse et sablonneuse. À quelque quatre lieues de là, il y a une anse où entre une rivière[6]; il y peut aller beaucoup de vaisseaux du côté de l'ouest; c'est une pointe basse qui avance environ d'une lieue en la mer; il faut ranger* la

Côte sablonneuse

Terres mauvaises

Rivière

D'une pointe qui avance à la mer

D'une autre pointe

D'une bonne anse où il peut [entrer] quantité de vaisseaux

terre de l'est comme* de trois cents pas* pour pouvoir entrer dedans. Voilà le meilleur port qui est sur toute la côte du nord, mais il fait fort dangereux d'y aller pour* les basses* et bancs de sable qu'il y a sur la plupart de la côte près de deux lieues à la mer. On trouve à quelque six *Baie* lieues de là une baie[7], où il y a une île de sable ; toute ladite baie est fort batturière*, si ce n'est du côté de l'est, où il peut avoir quelque quatre brasses* d'eau ; dans le canal qui entre dans ladite baie à quelque quatre lieues de là, il y a une *Anse* belle anse où entre une rivière.

Côte sablonneuse Toute cette côte est basse et sablonneuse ; il y descend un saut[8] d'eau qui est grand. À quelque cinq lieues de là, il y a *D'une pointe qui avance à la mer* une pointe qui avance environ une demi-lieue en la mer où il y a une anse ; et d'une pointe à l'autre, il y a trois lieues ; mais ce n'est que battures* où il y a peu d'eau. À quelque deux lieues, il y a une plage où il y a un bon port et une petite rivière[9], où il y a trois îles, où des vaisseaux se pourraient mettre à l'abri. À quelque trois lieues de là, il y a une pointe de sable qui avance environ une lieue, où au bout il y a un petit îlet. Puis allant à Lesquemin, vous rencontrez *De deux îles* deux petites îles basses et un petit rocher à terre. Cesdites îles sont environ à une *Port de Lesquemin* demi-lieue de Lesquemin, qui est un fort mauvais port, entouré de rochers, et qui assèche* de basse mer, et il faut variser* pour entrer dedans au derrière d'une petite pointe de rocher, où il n'y peut [tenir] qu'un vaisseau. Un peu plus haut, il y a une rivière[10] qui va quelque peu dans les terres : c'est le lieu où les Basques font la pêche des baleines[11]. Pour dire vérité, le port ne vaut du tout rien. Nous vînmes de là audit port de Tadoussac le 3e d'août. Toutes cesdites terres ci-dessus sont basses à la côte, et dans les terres fort hautes. Elles ne sont si plaisantes ni fertiles que celles du sud, bien qu'elles soient plus basses. Voilà au certain* tout ce que j'ai vu de cettedite côte du nord.

Rivière

Arrivée à Tadoussac

NOTES

1. L'édition originale porte *ponts*, mais il s'agit vraisemblablement d'une mauvaise lecture du manuscrit.
2. Peut-être la pointe à la Renommée.
3. Peut-être la baie Moisie ou une anse de la baie des Sept-Îles. Sa latitude serait plutôt 50° «et quelques minutes».
4. Peut-être la pointe aux Jambons, qui portait, jusqu'à tout récemment, le nom de Sainte-Marguerite.
5. La rivière des Rochers. Les distances données par Champlain ne permettent pas d'identifier de manière précise ces deux pointes. D'après Laverdière, la première serait la pointe des Monts, et la seconde, la pointe à la Croix, aussi connue sous le nom de cap Saint-Nicolas.
6. Vraisemblablement la rivière Manicouagan.
7. La baie aux Outardes, où se trouvent plusieurs petites îles, dont l'archipel des Trois Sœurs, l'île de la Mine et l'île Blanche; selon Biggar, l'île de sable mentionnée par Champlain aurait disparu. La rivière aux Outardes se jette dans cette baie.
8. La chute aux Outardes, puis la pointe de Betsiamites.
9. Biggar et Laverdière proposent la rivière Betsiamites, mais la description de Champlain cadre mal avec cette identification; peut-être fait-il allusion à la petite rivière qui se jette dans la baie des îlets de Jérémie (les «trois îles»). La pointe de sable est la pointe Colombier et le «petit îlet», peut être l'île du cap Colombier. Lesquemin s'appelle aujourd'hui Les Escoumins. Les «deux petites îles basses» sont probablement les îles Penchées.
10. La rivière des Escoumins.
11. Depuis 1540 environ, les Basques espagnols, puis français, chassent la baleine dans le détroit de Belle-Isle. Vers 1570-1580, ils pénètrent dans l'estuaire du Saint-Laurent pour chasser la baleine, mais aussi pour pêcher le saumon et traiter avec les Amérindiens. Leur établissement aux Escoumins date probablement de cette époque. Champlain et Lescarbot ne mentionnent leur présence qu'à cet endroit, mais des fouilles archéologiques récentes montrent qu'ils ont également pratiqué la chasse à la baleine à l'île aux Basques, située vis-à-vis de Trois-Pistoles, et

à Chaffaud-aux-Basques, à environ quinze kilomètres de Tadoussac en remontant le fleuve (voir L. Turgeon, « Pour redécouvrir notre XVIe siècle : les pêches à Terre-Neuve d'après les archives notariales de Bordeaux », *RHAF*, vol. XXXIX, n° 4, 1986, p. 534-539 ; « Basque-Amerindian Trade in the Saint Lawrence during the Sixteenth Century : New Documents, New Perspectives », *Man in the Northeast*, n° 40, 1990, p. 82-86).

Chasse à la baleine représentée sur la carte *Nova Francia* [1594 ?] de C. Claesz et J. Van Deutecum (Université McGill, « Rare Books and Special Collections » et Université Laval, ressources pédagogiques).

CHAPITRE XII

Les cérémonies que font les Sauvages avant que d'aller à la guerre. Des Sauvages armouchiquois[1] et de leur monstrueuse forme. Discours du sieur de Prévert de Saint-Malo sur la découverte de la côte d'Arcadie, quelles mines il y a, et de la bonté et fertilité du pays

Sauvages que nous trouvâmes revenant de la guerre, lesquels nous avions rencontrés à la rivière des Iroquois

Sauvages coupent la tête à leurs ennemis*

Arrivant à Tadoussac, nous trouvâmes les Sauvages que nous avions rencontrés en la rivière des Iroquois[2], qui avaient fait rencontre, au premier lac, de trois canots iroquois, lesquels se battirent contre dix autres de Montagnais et apportèrent les têtes* des Iroquois à Tadoussac, et il n'y eut qu'un Montagnais blessé au bras d'un coup de flèche, lequel songeant[3] quelque chose, il fallait que tous les dix autres le missent en exécution pour le rendre content, croyant aussi que sa plaie s'en doit mieux porter[4]. Si cedit Sauvage meurt, ses parents vengeront sa mort, soit sur leur nation ou sur d'autres, ou bien il faut que les capitaines fassent des présents aux parents du défunt afin qu'ils soient contents, ou autrement, comme j'ai dit, ils useraient de vengeance, qui est une grande méchanceté entre* eux.

Premier* que lesdits Montagnais partissent pour aller à la guerre, ils s'assemblèrent tous, avec leurs plus riches habits de fourrures, castors et autres peaux, parés de patenôtres* et cordons de diverses couleurs, et s'assemblèrent dans une grande place publique, où il y avait au-devant d'eux un sagamo* qui s'appelait Bechourat[5], qui les menait à la guerre, et ils étaient les uns derrière les autres, avec leurs arcs et flèches, massues et rondelles*, desquelles ils se parent pour se battre; et ils allaient sautant les uns après les autres; en faisant plusieurs gestes de leurs corps, ils faisaient maints tours de limaçon; après ils commencèrent à danser à la façon accoutumée, comme j'ai dit ci-dessus[6]; puis ils firent leur tabagie*, et après l'avoir faite, les femmes se dépouillèrent toutes nues, parées de leurs plus beaux matachias*, et elles se mirent dans leurs canots ainsi nues en dansant, puis elles se vinrent mettre à l'eau en se battant à coups de leurs avirons, se jetant quantité d'eau les unes sur les autres; toutefois, elles ne se faisaient point de mal, car elles se paraient des coups qu'elles s'entreruaient*. Après avoir fait toutes ces cérémonies, elles se retirèrent en leurs cabanes et les Sauvages s'en allèrent à la guerre contre les Iroquois.

Partement de Tadoussac*

Le 16e jour d'août, nous partîmes de Tadoussac et le 18e dudit mois arrivâmes à l'île Percée, où nous trouvâmes le sieur Prévert de Saint-Malo, qui venait de la mine[7] où il avait été avec beaucoup de peine pour* la crainte que les Sauvages avaient de faire rencontre de leurs ennemis qui sont les Armouchiquois[8], lesquels sont hommes sauvages du tout* monstrueux pour* la forme qu'ils ont, car leur tête est petite et le corps court, les bras menus comme d'un squelette et les cuisses semblablement, les jambes grosses et longues, qui sont toutes d'une venue ; et quand ils sont assis sur leurs talons, les genoux leur passent plus d'un demi-pied par-dessus la tête, qui est chose étrange, et semblent être hors de nature[9]. Ils sont néanmoins fort dispos et déterminés ; et ils sont* aux meilleures terres de toute la côte d'Arcadie[10] ; aussi les Souriquois les craignent fort. Mais avec l'assurance que ledit sieur de Prévert leur donna, il les mena jusqu'à ladite mine, où les Sauvages le guidèrent : c'est une fort haute montagne, avançant quelque peu sur la mer, qui est fort reluisante au soleil, où il y a quantité de vert-de-gris qui procède* de ladite mine de cuivre. Au pied de ladite montagne, il dit que de basse eau il y avait en quantité des morceaux de cuivre, comme il nous en a montré, lequel tombe du haut de la montagne. Passant trois ou quatre lieues plus outre tirant* à la côte d'Arcadie, il y a une autre mine et une

Sauvages armouchiquois

Discours que m'a fait le sieur Prévert de Saint-Malo sur la découverte de la côte d'Arcadie

Vert-de-gris en quantité

Cuivre en quantité

petite rivière[11] qui va quelque peu dans les terres, tirant* au sud, où il y a une montagne qui est d'une peinture noire, de laquelle se peignent les Sauvages; puis à quelque six lieues de la seconde mine, en tirant* à la mer environ une lieue proche* de la côte d'Arcadie, il y a une île où se trouve une manière* de métal qui est comme brun obscur (le coupant il est blanc), dont anciennement ils usaient* pour leurs flèches et couteaux, qu'ils battaient avec des pierres, ce qui me fait croire que ce n'est étain ni plomb, étant si dur comme il est; et leur ayant montré de l'argent, ils dirent que celui de ladite île est semblable, lequel ils trouvent dans la terre, comme* à un pied ou deux. Ledit sieur Prévert a donné aux Sauvages des coins et ciseaux, et autres choses nécessaires pour tirer de ladite mine, ce qu'ils ont promis de faire, et l'année qui vient d'en apporter et le donner audit sieur Prévert.

D'une autre mine

Peinture noire

Une île où il y a une manière d'autre métal

Ils disent aussi qu'à quelque cent ou cent vingt lieues, il y a d'autres mines, mais ils n'osent y aller s'il n'y a des Français parmi eux pour faire la guerre à leurs ennemis qui les tiennent en leur possession. Cedit lieu où est la mine qui est par les 44 degrés et quelques minutes proche* de ladite côte de l'Arcadie, comme* de cinq ou six lieues, c'est une manière* de baie qui, en son entrée, peut tenir* quelques lieues de large, et quelque peu davantage de long, où il y a trois rivières[12] qui

Autres mines

Description du lieu où est ladite mine

viennent tomber en la grande baie proche* de l'île de Saint-Jean, qui a quelque trente ou trente-cinq lieues de long, et [se trouve] à quelque six lieues de la terre du sud. Il y a aussi une autre petite rivière qui va tomber comme* à moitié chemin de celle par où revint ledit sieur Prévert, où sont comme* deux manières* de lacs en cette-dite rivière[13]. [En] plus [il] y a aussi une autre petite rivière[14] qui va à la peinture; toutes ces rivières tombent en ladite baie au sud-est environ de ladite île que lesdits Sauvages disent y avoir de cette mine blanche. Au côté du nord de ladite baie sont les mines de cuivre, où il y a bon port pour des vaisseaux et une petite île à l'entrée du port; le fond est vase et sable, où l'on peut échouer les vaisseaux[15]. De ladite mine jusqu'au commencement de l'entrée desdites rivières, il y a quelque soixante ou quatre-vingts lieues par terre. Mais du côté de la mer, selon mon jugement, depuis la sortie de l'île de Saint-Laurent et terre ferme, il ne peut y avoir plus de cinquante ou soixante lieues jusqu'à ladite mine. Tout ce pays est très beau et plat, où il y a de toutes les sortes d'arbres que nous avons vus allant au premier saut de la grande rivière de Canada, fort peu de sapins et cyprès. Voilà au certain* ce que j'ai appris et ouï dire audit sieur Prévert.

Bon port pour les vaisseaux

Bon pays

NOTES

1. En 1604, Champlain désignera sous ce terme tous les Amérindiens qui vivaient sur les côtes de la Nouvelle-Angleterre, de Saco jusqu'à Cape Cod, regroupant ainsi sous la même appellation des peuples apparentés culturellement, comme les Pawtuckets (ou Penacooks), les Massachusetts et les Pokanokets (ou Wampanoags). Leur subsistance reposait surtout sur la culture du sol et sur l'exploitation des ressources côtières. La différence entre leur mode de vie et celui des peuples vivant plus au nord (Abénaquis, Malécites, Micmacs) frappera Champlain.
2. Sur cette rencontre sur la rivière Richelieu, voir p. 139-140. Le « premier lac » est le bassin de Chambly ou le lac Champlain.
3. Sur l'importance du songe dans l'univers amérindien, voir chapitre III, n. 8, p. 115.
4. Tous les observateurs, et plus particulièrement les jésuites dans leurs *Relations*, noteront l'importance des rêves dans les soins apportés aux malades.
5. Peut-être Besouat mentionné plus haut, à la p. 104.
6. Voir p. 97-98, 103-104.
7. Champlain précisera dans un récit ultérieur que Prévert n'avait pas fait le voyage lui-même, bien qu'il le prétendît. Il envoya plutôt quelques-uns de ses hommes avec Secoudon, visiter une région qui correspondrait au cap d'Or (ou Doré), à l'embouchure du canal des Mines.
8. Ces combats sporadiques entre Souriquois (les Micmacs) et Armouchiquois laisseront des traces dans les écrits sur la Nouvelle-France. En 1607, Lescarbot, qui séjournera un peu plus d'un an en Acadie, publiera, à son retour en France, un poème épique de 590 vers intitulé *La défaite des Sauvages armouchiquois par le sagamo Membertou et ses alliés sauvages, en la Nouvelle France.* Sur sa carte de 1612, Champlain représente un homme et une femme armouchiquois.
9. En 1609, dans son *Histoire de la Nouvelle-France*, Lescarbot raillera Champlain de « bailler » des « fables » comme telle description invraisemblable des Armouchiquois ou encore cette « plaisante histoire » du monstre « *Gougou* qui fait peur aux petits enfants » (p. 415).

10. D'après Laverdière (t. I, p. 122), au début du XVIIe siècle, « on comprenait sous ce nom d'Acadie une bien plus grande étendue de côtes, puisque le pays des Armouchiquois ne commençait qu'au-delà de la Kennebec ; c'est du moins ce que nous assurent Champlain et le P. Biard, qui tous deux visitèrent la région ».

11. Probablement la rivière Philip ou la rivière Pugwash, au Nouveau-Brunswick. La montagne serait la Cobequid, en Nouvelle Écosse. L'île à une lieue de la « côte d'Arcadie » est peut-être Pictou.

12. Peut-être les rivières Frederick, Des Barres et John, ou bien les rivières West, Middle et East, qui se déversent dans le port de Pictou. La « grande baie » est évidemment le golfe Saint-Laurent et « l'île de Saint-Jean », l'île du Prince-Édouard.

13. Peut-être la rivière Miramichi.

14. Peut-être la rivière Pugwash ; l'île où il y aurait « de cette mine blanche », serait celle de Pictou.

15. Selon Laverdière et Biggar, cette description correspondrait bien au canal du bassin des Mines, à l'île Haute et au port ou havre à l'Avocat.

Sauvages montagnais et armouchiquois représentés dans la carte accompagnant les *Voyages* de Champlain en 1613 (Université Laval, bibliothèque et ressources pédagogiques).

CHAPITRE XIII

D'un monstre épouvantable que les Sauvages appellent Gougou et de notre bref et heureux retour en France

Monstre épouvantable

Il y a encore une chose étrange digne de réciter*, que plusieurs Sauvages m'ont assuré être vraie. C'est que proche* de la baie des Chaleurs, tirant* au sud, est une île[1], où fait résidence un monstre épouvantable, que les Sauvages appellent *Gougou*[2], et ils m'ont dit qu'il avait la forme d'une femme, mais fort effroyable, et d'une telle grandeur qu'ils me disaient que le bout des mâts de notre vaisseau ne lui fût pas venu jusqu'à la ceinture, tant ils le peignent grand, et que souvent il a dévoré et dévore beaucoup de Sauvages, lesquels il met dans une grande poche quand il les peut attraper et puis les mange; et disaient, ceux qui avaient évité le péril de cette malheureuse bête, que sa poche était si grande qu'il y eût pu mettre notre vaisseau. Ce monstre fait des bruits horribles dans cette île, que les Sauvages appellent le *Gougou*. Et quand ils en parlent, ce n'est qu'avec une peur si étrange qu'il ne se peut dire de plus, et m'ont assuré plusieurs l'avoir vu. Même ledit sieur Prévert de Saint-Malo en allant à la découverte des mines, ainsi que nous l'avons dit au chapitre précédent, m'a dit avoir passé si proche* de la demeure de cette effroyable bête que lui et tous ceux de son vaisseau entendaient des sifflements étranges du bruit qu'elle faisait et que les Sauvages qu'il avait avec lui, lui dirent que c'était la même bête et avaient une telle peur qu'ils se cachaient de toutes parts, craignant qu'elle fût venue à eux pour les emporter ; et ce qui me fait croire ce qu'ils disent, c'est que tous les Sauvages en général la craignent et en parlent si étrangement que, si je mettais tout ce qu'ils en disent, on le tiendrait pour fables ; mais je tiens que c'est la résidence de quelque diable qui les tourmente de la façon. Voilà ce que j'ai appris de ce *Gougou*.

Premier* que partir de Tadoussac, pour nous en retourner en France, un des sagamos* des Montagnais, nommé Bechourat[3], donna son fils au sieur du Pont pour l'emmener en France, et il lui fut fort recommandé par le grand sagamo* Anadabijou, le priant de le bien traiter et lui faire voir ce que les deux autres Sauvages que nous avions ramenés avaient vu. Nous leur demandâmes une femme des Iroquois qu'ils voulaient manger, laquelle ils nous donnèrent et nous l'avons aussi amenée avec ledit Sauvage. Le sieur de Prévert a aussi amené quatre Sauvages: un homme, qui est de la côte d'Arcadie, une femme et deux enfants des Canadiens*. Le 24e jour d'août, nous partîmes de Gaspé, le vaisseau dudit sieur Prévert et le nôtre ; le 2e jour de septembre, nous faisions état d'être aussi avant que le cap de Rase[4]. Le 5e jour dudit mois, nous entrâmes sur le banc* où se fait la pêche du poisson. Le 16e dudit mois, nous étions à la sonde, qui peut être à quelque 50 lieues d'Ouessant. Le 20e dudit mois nous arrivâmes, par la grâce de Dieu avec contentement de chacun et toujours le vent favorable, au port du Havre-de-Grâce.

NOTES

1. L'île Miscou ou l'île Shippegan, au Nouveau-Brunswick.
2. Pour Cartier aussi les monstres voisinaient avec les richesses minières du fabuleux royaume du Saguenay: «Ledit seigneur Donnacona [...] nous a certifié avoir été à la terre du Saguenay, où il y a [à l']infini, or, rubis et autres richesses [...]. Plus, dit avoir vu d'autres pays où les gens ne mangent point et n'ont point de fondement et ne digèrent point ains [mais] font seulement eau par la verge. Plus, dit avoir été en autre pays des Picquenyans et autre pays où les gens n'ont qu'une jambe et autres merveilles longues à raconter.» (*Relations*, p. 176-177) Selon Biggar, le Gougou de Champlain serait le *Kuhkw*, un être mythologique des légendes micmaques.
3. Peut-être Besouat (ou Tessouat); mais dans ce cas Champlain fait erreur sur l'appartenance ethnique de ce chef: il était Algonquin de l'Île.
4. Le cap Race, à Terre-Neuve.

Monstre marin représenté sur la carte *Nova Francia* [1594 ?] de C. Claesz et J. Van Deutecum (Université McGill, « Rare Books and Special Collections » et Université Laval, ressources pédagogiques).

APPENDICES

APPENDICE I

LA FRANCE EN AMÉRIQUE À LA FIN DU XVIe SIÈCLE ET LE *VOYAGE* DE 1603

(Extrait de Champlain, *Les voyages de la Nouvelle-France*, Sevestre 1632, L. I, ch. 5-7)

[...] Le sieur marquis de La Roche de Bretagne, poussé d'une sainte envie d'arborer l'étendard de Jésus-Christ et y planter les armes de son roi, en l'an 1598, prit commission du roi Henri le Grand (d'heureuse mémoire) qui avait de l'amour pour ce dessein, fit équiper quelques vaisseaux, avec nombre d'hommes et un grand attirail de choses nécessaires à un tel voyage; mais comme ledit sieur marquis de La Roche n'avait aucune connaissance des lieux, que par un pilote de navire appelé Chédotel, du pays de Normandie, il mit les gens dudit sieur marquis sur l'île de Sable, distante de la terre du Cap-Breton de vingt-cinq lieues au sud, où cependant les hommes qui restèrent en ce lieu avec fort peu de commodités, furent sept ans abandonnés sans secours que de Dieu, et furent contraints de se tenir comme les renards dans la terre, pour n'y avoir ni bois ni pierre en cette île propre à bâtir, que les débris et fracas des vaisseaux qui viennent à la côte de ladite île ; et ils vécurent seulement de la chair des bœufs et vaches qu'ils y trouvèrent en quantité, s'y étant sauvés par la perte d'un vaisseau espagnol qui s'était perdu voulant aller habiter l'île du Cap-Breton ; et ils se vêtirent de peaux de loups-marins, ayant usé leurs habits, et conservèrent les huiles pour leur usage, avec la pêcherie de poisson, qui est abondante autour de ladite île, jusqu'à ce que la cour du parlement de Rouen par arrêt condamna ledit Chédotel d'aller repasser ces pauvres misérables, à la charge qu'il aurait la moitié des commodités de ce qu'ils auraient pu pratiquer pendant leur séjour en cette île, comme cuirs de bœufs, peaux de loups-marins, huile, renards noirs, ce qui fut exécuté ; et revenant en France au bout de sept ans, partie vint trouver sa Majesté à Paris, qui commanda au duc de Sully de leur donner quelques commodités, comme il fit, jusqu'à la somme de cinquante écus, pour les encourager de s'en retourner.

Cependant le marquis de La Roche étant à poursuivre en cour les choses que sa Majesté lui avait promises pour son dessein, elles lui furent déniées par la sollicitation de certaines personnes qui n'avaient désir que le vrai culte de Dieu s'accrût, ni d'y voir fleurir la religion catholique, apostolique et romaine. Ce qui lui causa un tel déplaisir, que pour cela et autre chose, il se trouva assailli d'une forte maladie, qui l'emporta, après avoir consommé son bien et son travail, sans en ressentir aucun fruit.

En ce sien dessein se remarquent deux défauts : l'un, en ce que ledit marquis n'avait fait découvrir et reconnaître le lieu par quelque homme entendu en telle affaire, et où il devait aller habiter, premier que s'obliger à une dépense excessive. L'autre, que les envieux qui étaient en ce temps près du roi en son conseil, empêchèrent l'effet et la bonne volonté qu'avait sa Majesté de lui faire du bien.

Voilà comment les rois sont souvent déçus par ceux en qui ils ont quelque confiance. Les histoires du temps passé le font assez connaître et celle-ci nous en peut fournir d'échantillon. Voici un quatrième voyage rompu, venons au cinquième.

Voyage du sieur de Saint-Chauvin. Son dessein. Remontrances que lui fait du Pont Gravé. Le sieur de Monts voyage avec lui. Retour des sieurs Chauvin et du Pont en France. Second voyage de Chauvin : son entreprise.

Un an après, l'an 1599, le sieur Chauvin de Normandie, capitaine du roi en la marine, homme très expert et entendu au fait de la navigation (qui avait servi sa Majesté aux guerres passées, quoiqu'il fût de la religion prétendue réformée [protestant]) entreprit ce voyage sous la commission de sadite Majesté, à la sollicitation du sieur du Pont Gravé, de Saint-Malo (fort entendu aux voyages de mer, pour en avoir fait plusieurs), accompagné d'autres vaisseaux jusqu'à Tadoussac, quatre-vingt-dix lieues à mont la rivière, lieu où ils faisaient trafic de pelleterie et de castors, avec les Sauvages du pays, qui s'y rendaient tous les printemps ; ledit du Pont désireux de trouver moyen de rendre ce trafic particulier, va en cour rechercher quelqu'un d'autorité et pouvoir éminent auprès du roi pour obtenir une commission, portant que le trafic de cette rivière serait interdit à toutes personnes, sans la permission et consentement de celui qui serait pourvu de ladite commission, à la charge qu'ils habiteraient le pays et y feraient une demeure. Voilà un commencement de bien faire, sans qu'il en coûte rien au roi, si ce qui est en ladite commission s'effectue ; ayant dessein d'y mener cinq cents hommes, pour s'y fortifier et défendre le pays. Le roi, qui avait grande confiance en cet entrepreneur, qui néanmoins prétendait n'y faire que la moindre dépense qu'il pourrait, pour, sous le prétexte d'habiter et exécuter tout ce qu'il permettait, voulait priver tous les sujets du royaume de ce trafic et retirer lui seul les castors. Et pour donner un éclat à cette affaire, se met en devoir de l'exécuter. Les vaisseaux s'équipent de choses les plus nécessaires qu'il croit être propres à son entreprise. Plusieurs personnes d'arts et de métiers s'acheminent et se rendent au lieu de Honfleur, lieu de l'embarquement. Ses vaisseaux hors, il met ledit Pont Gravé pour son Lieutenant en l'un de ceux-ci, mais le chef étant de contraire religion, ce n'était pas le moyen de bien planter la foi parmi des peuples qu'on veut réduire et c'était à quoi l'on songeait le moins. Ils naviguent jusqu'au port de Tadoussac, lieu de la traite, et fut cette affaire assez mal conduite pour y faire grand progrès. Ils se délibèrent d'y faire une habitation, lieu le plus désagréable et infructueux qui soit en ce pays, qui n'étant rempli que de pins, sapins, bouleaux, montagnes et rochers presque inaccessibles, et la terre très mal disposée pour y faire aucun bon labourage, et où les froidures sont si excessives que, s'il y a une once de froid à 40 lieues à mont la rivière, il y en a là une livre : aussi combien de fois me suis-je étonné, ayant vu ces lieux si effroyables sur le printemps.

Or comme ledit sieur Chauvin y voulait bâtir et y laisser des hommes, et les couvrir contre la rigueur des froidures extrêmes, ayant su du Pont Gravé que son opinion n'était que l'on y dût bâtir, remontra audit sieur Chauvin plusieurs fois qu'il fallait aller à mont ledit fleuve, où le lieu est plus commode à habiter, ayant été en un autre voyage jusqu'aux Trois-Rivières, pour trouver les Sauvages, afin de traiter avec eux.

Le sieur de Monts fit le même voyage pour son plaisir, avec ledit sieur Chauvin, qui était de la même opinion que Gravé, qui, reconnaissant ce lieu être fort désagréable, eût bien voulu voir plus à mont ledit fleuve. Mais quoi que c'en soit, ou le temps ne le permettant pour lors, ou autres considérations qui étaient en l'esprit de l'entrepreneur, fut cause qu'il employa quelques ouvriers à édifier une maison de plaisance, de quatre toises de long, sur trois de large, de huit pieds de haut, couverte d'ais, et une cheminée au milieu, en forme d'un corps de garde, entouré de claies (laquelle j'ai vue en ce lieu-là) et d'un petit fossé fait dans le sable. Car en ce pays-là où il n'y a point de rochers, ce sont tous sables fort mauvais. Il y avait un petit ruisseau au-dessous, où ils laissèrent seize hommes fournis de peu de commodités, qu'ils pouvaient retirer dans le même logis, où ce peu qu'il y avait était à l'abandon des uns et des autres, ce qui dura peu. Les voilà bien chaudement pour leur hiver. Ce qui fut cause que le sieur Chauvin s'en retourna, ne voulant voir ni découvrir plus avant, comme aussi fit ledit du Pont.

Pendant qu'ils sont en France, nos hivernants consomment en bref ce peu qu'ils avaient et l'hiver survenant leur fit bien connaître le changement qu'il y avait entre la France et Tadoussac ; c'était la cour du roi Pétaud : chacun voulait commander ; la paresse et fainéantise, avec les maladies qui les surprirent, ils se trouvèrent réduits en de grandes nécessités et contraints de s'abandonner aux Sauvages, qui charitablement les retirèrent avec eux et quittèrent leur demeure ; les uns moururent misérablement, les autres pâtissant fort attendant le retour des vaisseaux.

Le sieur Chauvin voyant ses gens humer le vent du Saguenay, fort dangereux, poursuit ses affaires pour refaire un second voyage, qui fut aussi fructueux que le premier. Il en veut faire un troisième mieux ordonné; mais il n'y demeure longtemps sans être saisi de maladie, qui l'envoya en l'autre monde.

Ce qui fut à blâmer en cette entreprise est d'avoir donné une commission à un homme de contraire religion, pour pulluler la foi catholique, apostolique et romaine, que les hérétiques ont tant en horreur et abomination. Voilà les défauts que j'avais à dire sur cette entreprise.

Quatrième entreprise en la Nouvelle-France par le commandeur de Chaste. Le sieur de Pont Gravé élu pour le voyage de Tadoussac. L'auteur se met en voyage. Leur arrivée au grand saut Saint-Louis. Sa difficulté à le passer. Leur retraite. Mort dudit commandeur, qui rompt le 6e voyage.

La quatrième entreprise fut celle du sieur commandeur de Chaste, gouverneur de Dieppe, qui était homme très honorable, bon catholique, grand serviteur du roi, qui avait dignement et fidèlement servi sa Majesté en plusieurs occasions signalées. Et bien qu'il eût la tête chargée d'autant de cheveux gris que d'années, il voulait encore laisser à la postérité par cette louable entreprise une remarque très charitable en ce dessein, et même s'y porter en personne, pour consommer le reste de ses ans au service de Dieu et de son Roi, en y faisant une demeure arrêtée, pour y vivre et mourir glorieusement, comme il espérait, si Dieu ne l'eût retiré de ce monde plus tôt qu'il ne pensait; et se pouvait-on bien assurer que sous sa conduite l'hérésie ne se fût jamais plantée aux Indes, car il avait de très chrétiens desseins, dont je pourrais rendre de bons témoignages, pour m'avoir fait l'honneur de m'en communiquer quelque chose.

Donc, après la mort dudit sieur Chauvin, il obtint nouvelle commission de sa Majesté. Et d'autant que la dépense était fort grande, il fit une société avec plusieurs gentilhommes et principaux marchands de Rouen et d'autres lieux, sur certaines conditions. Ce qu'étant fait, ils font équiper les vaisseaux, tant pour l'exécution de cette entreprise que pour découvrir et peupler le pays. Ledit Pont Gravé, avec commission de sa Majesté (comme personne qui avait déjà fait le voyage et reconnu les défauts du passé), fut élu pour aller à Tadoussac et promet d'aller jusqu'au saut Saint-Louis [les rapides de Lachine], le découvrir et passer outre, pour en faire son rapport à son retour et donner ordre à un second embarquement et ledit sieur commandeur quitter son gouvernement, avec la permission de sa Majesté, qui l'aimait uniquement, s'en aller au pays de la Nouvelle-France.

Sur ces entrefaites, je me trouvai en cour, venu fraîchement des Indes occidentales, où j'avais été près de deux ans et demi, après que les Espagnols furent partis de Blavet et la paix faite en France, où pendant les guerres j'avais servi sadite Majesté sous Messeigneurs le maréchal d'Aumont, de Saint-Luc, et maréchal de Brissac. Allant voir d'une fois à l'autre ledit sieur commandeur de Chaste, jugeant que je lui pouvais servir en son dessein, il me fit cette faveur, comme j'ai dit, de m'en communiquer quelque chose et me demanda si j'aurais agréable de faire le voyage, pour voir ce pays et ce que les entrepreneurs y feraient. Je lui dis que j'étais son serviteur, que pour me licencier de moi-même à entreprendre ce voyage, je ne le pouvais faire sans le commandement de sadite Majesté, à laquelle j'étais obligé, tant de naissance que d'une pension de laquelle elle m'honorait, pour avoir moyen de m'entretenir près d'elle et que s'il lui en plaisait parler et me le commander, je l'aurais très agréable. Ce qu'il me promit et fit, et il reçut commandement de sa Majesté pour faire ce voyage et lui en faire fidèle rapport; et pour cet effet Monsieur de Gesvre, secrétaire de ses commandements, m'expédia, avec lettre adressante audit Pont Gravé, pour me recevoir en son vaisseau et me faire voir et reconnaître tout ce qui se pourrait en ces lieux, en m'assistant de ce qui lui serait possible en cette entreprise.

Me voilà expédié, je pars de Paris et m'embarque dans le vaisseau dudit du Pont l'an 1603; nous faisons heureux voyage jusqu'à Tadoussac, avec des moyennes barques de douze à quinze tonneaux, et fûmes jusqu'à une lieue à mont le grand saut Saint-Louis. Le Pont Gravé et moi nous nous mettons dans un petit bateau fort léger, avec cinq matelots, pour n'en pouvoir faire naviguer de plus grand, à cause des difficultés. Ayant fait une lieue avec beaucoup de peine dans une sorte de lac, pour le peu d'eau que nous y trouvâmes, et étant parvenus au pied dudit saut, qui se décharge en ce lac, nous jugeâmes impossible de le passer avec notre esquif, pour être si furieux et entremêlé de rochers, que nous nous trouvâmes contraints de faire presqu'une lieue par terre, pour voir le dessus de ce saut, n'en pouvant voir davantage; et tout ce que nous pûmes faire fut de remarquer les difficultés, tout le pays et le long de ladite rivière, avec le rapport des Sauvages de ce qui était dans les terres, des peuples, des lieux et origines des principales rivières, et notamment du grand fleuve Saint-Laurent.

Je fis dès lors un petit discours, avec la carte exacte de tout ce que j'avais vu et reconnu, et ainsi nous nous en retournâmes à Tadoussac, sans faire que fort peu de progrès, auquel lieu étaient nos vaisseaux qui faisaient la traite avec les Sauvages, ce qu'étant fait, nous nous embarquâmes, mettant les voiles au vent, jusqu'à ce que nous fussions arrivés à Honfleur, où nous sûmes les nouvelles de la mort du sieur commandeur de Chaste, qui m'affligea fort, reconnaissant que malaisément un autre pourrait entreprendre cette entreprise, qu'il ne fût traversé, si ce n'était un seigneur de qui l'autorité fut capable de repousser l'envie.

Je n'arrêtai guère en ce lieu de Honfleur, que j'allai trouver sa Majesté, à laquelle je fis voir la carte dudit pays, avec le discours fort particulier que je lui en fis, qu'elle eut fort agréable, promettant de ne pas laisser ce dessein, mais de le faire poursuivre et favoriser. Voilà le cinquième voyage rompu par la mort dudit sieur commandeur.

En cette entreprise je n'ai remarqué aucun défaut, pour avoir été bien commencée ; mais je sais qu'aussitôt plusieurs marchands de France, qui avaient intérêt en ce négoce, commençaient à faire des plaintes de ce qu'on leur interdisait le trafic des pelleteries, pour le donner à un seul.

APPENDICE II

COMMISSIONS AU MARQUIS DE LA ROCHE (1577 ET 1578)

I

Mars 1577

Henry, par la grâce de Dieu, Roi de France et de Pologne, à tous présents et à venir, salut. Savoir faisons que, nous inclinant libéralement à la supplication et requête qui nous a été faite par notre aimé et féodal chevalier de notre ordre, le sieur de La Roche, marquis de Coetarmoal, comte de Kermoallec et de la Joyeuse Garde, conseiller en notre conseil privé, et gouverneur de notre ville de Morlaix ; ayant aussi égard à la délibération qu'il nous a fait entendre avoir prise, tant pour le zèle et fervente dévotion qu'il a au service de Dieu avec mention du nom chrétien, et grandeur de nous et nos successeurs que pour la singulière affection qu'il a à la réputation du nom français, ampliation, sûreté et commodité du commerce et trafic, bien, profit et utilité de tout le public de ce royaume ; pour ces causes, et autres bonnes considérations à ce nous mouvant, avons audit sieur de La Roche permis et accordé, permettons et accordons de grâce spéciale, pleine puissance et autorité royale par ces présentes qu'il puisse et lui soit loisible de lever, fréter et équiper tel nombre de gens, navires et vaisseaux qu'il avisera et verra bon être pour aller aux Terres neuves, et autres adjacentes, et faire descente, s'appatrier, investir et faire siennes toutes et chacune les terres dont il pourra se rendre maître, pourvu qu'elles n'appartiennent pas à nos amis, alliés et considérés de cette couronne, lui donnant plein pouvoir et puissance de faire bâtir, construire et édifier, fortifier et réparer telles forteresses que bon lui semblera pour les garder et conserver, icelles occuper, tenir et posséder sous notre protection, et en jouir et user par lui, ses successeurs et ayant cause perpétuellement et à toujours comme de leur propre chose et loyal acquis. [...] Donné à Blois au mois de mars de l'an 1577 et de notre règne le troisième, signé Henry.

II

3 janvier 1578

Henry, par la grâce de Dieu, Roi de France et de Pologne, à tous ceux qui verront ces présentes lettres, salut. Nous ayant le sieur marquis de Coetarmoal, comte de Kermoalec, et sieur de La Roche en Bretagne, chevalier de notre ordre et conseiller en notre conseil privé, fait entendre que, sans offenser, faire tort ni entreprendre aucune chose préjudiciable aux princes nos bons amis, voisins, alliés et considérés, il a moyen de conquérir et prendre quelques terres et pays nouvellement découverts et occupés par des gens barbares, dont il peut et espère faire venir beaucoup de commodité à celui notre

Royaume, tant pour le commerce et trafic que pour autres bons respects. Nous lui avons permis et accordé, permettons et accordons par ces présentes qu'il puisse et lui soit loisible de faire et d'exécuter ladite entreprise, et, pour cet effet, faire armer et équiper en guerre à ses frais et dépens, tel nombre de vaisseaux dont il aura besoin; et parce qu'étant l'auteur, conducteur et exécuteur de ladite entreprise, il est bien raisonnable qu'il se ressente du fruit de celle-ci et du bien qui en viendra, confiant aussi entièrement de sa personne et de ses sens, suffisance, loyauté, prudence, expérience et bonne diligence, celui-ci pour ces causes et autres bonnes considérations à ce nous mouvant, avons fait, créé, établi, faisons, créons et établissons par ces présentes Gouverneur et notre Lieutenant général et vice-roi desdites terres neuves et pays qu'il prendra et conquerra sur lesdits barbares, lui donnant plein pouvoir et puissance et autorité de faire là construire et édifier telles forteresses et lieux de retraite qu'il verra être nécessaire pour la conservation de notre obéissance lesdites terres et pays, et aussi de mettre et établir garnisons pour la sûreté de ceux-ci, et généralement de faire lesdites terres et pays tout ce qu'il verra appartenir au bien de notre service et aux commodités de notre Royaume, tout ainsi que nous-mêmes ferions et faire pourrions, si présents en personne y étions [...]. Donné à Paris le 3e jour de janvier de l'an de grâce 1578 et de notre règne le 4e. Signé Henry.

(Reproduits d'après H. Michelant et A. Ramé, *Documents inédits sur Jacques Cartier et le Canada* (nouvelle série), Paris, Librairie Tross, 1867, p. 5-10.)

APPENDICE III

JACQUES NOËL ET LE CANADA (1587-1588)

Lettres de Jacques Noël

Monsieur Grotte,

Votre beau-frère, M. Gilles Watier, m'a montré ce matin une carte publiée à Paris, dédiée à un nommé M. Hakluyt, gentilhomme anglais, dans laquelle toutes les îles occidentales, la région du nouveau Mexique et les pays du Canada, Hochelaga et Saguenay se trouvent compris.

Je maintiens que la rivière de Canada qui est décrite dans cette carte n'y est pas placée comme elle se trouve dans mon livre, lequel est conforme à celui de Jacques Cartier, et que la carte ne place pas le grand lac qui est au-dessus des sauts de la façon que les Sauvages qui demeurent auxdits sauts nous en ont donné connaissance. Dans la susdite carte que vous m'avez envoyée, le grand lac s'y trouve placé trop au nord, les sauts et chutes d'eau font par les 44e degrés de latitude et il n'est pas aussi difficile de passer qu'on se l'imagine. Les eaux ne tombent pas d'aucunes hauteurs bien considérables ; ce n'est qu'un lieu de la rivière où il y a mauvais fond ; il serait possible de construire des barques au-dessus des sauts et il est facile de marcher par terre jusqu'à la fin des trois sauts : il n'y a pas plus de cinq lieues de marche.

J'ai été sur le haut d'une montagne qui est au pied des sauts, d'où j'ai pu voir la rivière au delà desdits sauts, laquelle se montre plus large qu'elle n'est en l'endroit où nous l'avons passée. Par le peuple du pays nous a été dit qu'il y avait dix journées de marche depuis les sauts jusqu'au grand lac ; mais nous ne savons pas combien de lieues ils comptent pour une journée.

Je ne puis pour le moment vous en écrire plus long, car le courrier ne peut demeurer plus longtemps. Je terminerai donc pour le présent en vous présentant mes meilleurs saluts, priant Dieu de vous accorder l'accomplissement de tous vos désirs.

Votre ami affectionné,

JACQUES NOËL

De Saint-Malo, avec hâte, ce 19e de juin 1587

[Post-scriptum] Mon cousin, je vous prie de me faire le plaisir de m'envoyer le livre qui traite de la découverte du nouveau Mexique et l'une de ces nouvelles cartes des Indes occidentales que vous avez envoyée à votre beau-frère, Gilles Watier et qui est dédiée à M. Hakluyt, Monsieur anglais. Je ne manquerai pas de m'informer par moi-même s'il y a moyen de trouver ces relations que le capitaine Jacques Cartier a écrites après ses deux derniers voyages en Canada.

Monsieur Grotte,

Je ne puis vous écrire rien davantage de tout ce que j'ai pu trouver des écrits de feu mon oncle, le capitaine Jacques

Cartier (quoique j'aie fait des recherches partout où il m'a été possible de le faire dans cette ville), à l'exception d'un certain livre fait en manière d'une carte marine, laquelle a été rédigée de la propre main de mon oncle susdit, et qui se trouve maintenant en la possession du sieur de Cremeur. Cette carte est passablement bien tracée et dessinée en ce qui regarde toute la rivière de Canada ; ce dont je suis bien certain, parce que de celle-ci j'ai moi-même connaissance, aussi loin que s'étendent les sauts où j'ai été moi-même. La hauteur des sauts est par les 44e degrés. J'ai trouvé dans ladite carte, au-dessus de l'endroit où la rivière se partage en deux, au milieu des deux branches de ladite rivière et quelque peu proche de la branche qui court vers le nord-ouest, les mots qui suivent écrits de la main de Jacques Cartier : « Par le peuple du Canada et Hochelaga, il est dit que c'est ici où est la terre de Saguenay, qu'elle est riche et abonde en pierres précieuses. »

Et à environ 100 lieues au-dessous de cet endroit, j'ai trouvé les deux lignes suivantes écrites sur ladite carte dans la direction du sud-ouest : « Ici, dans ce pays, se trouvent la canelle et le girofle que dans leur langue ils appellent canodilla. »

Pour ce qui est de mon livre dont je vous ai parlé, il est fait en la forme d'une carte marine et je l'ai remis à mes deux fils Michel et Jean qui présentement sont en Canada. Si à leur retour, qui sera avec la volonté de Dieu, vers la Sainte-Madeleine prochaine, ils ont appris quelque chose qui vaille la peine d'être rapporté, je ne manquerai pas de vous le faire savoir.

(Reproduits d'après F. Joüon des Longrais, *Jacques Cartier. Documents nouveaux*, Paris, Alphonse Picard, 1888, p. 145-148.)

Commission accordée à Jacques Noël et à Étienne Chaton de La Jannaye (14 janvier 1588)

Henry par la grâce de Dieu, Roi de France et de Pologne, à notre très cher et bien-aimé cousin, le duc d'Espernon, pair et amiral de France, gouverneur et notre lieutenant général en Normandie, vice-amiral de Bretagne, ou son lieutenant en ladite amirauté, salut. Nos chers et bien-aimés Étienne Chaton, écuyer, sieur de la Jannaye, et Jacques Noël, capitaines de marine et maîtres pilotes de notre ville de Saint-Malo de l'Île de Bretagne, neveux et héritiers du défunt Jacques Cartier, en son vivant capitaine et grand pilote de marine, nous ont fait remontrer* en notre conseil que [...] [Jacques Cartier,] en poursuivant la découverte de cette terre [le Canada] et des commodités y étant, après plusieurs voyages et longs travaux y avoir par ledit Cartier exposé son bien et moyen, et [celui] de ses amis, et serait décédé sans avoir ni aucun de ses héritiers tiré récompense de nosdits prédécesseurs. Néanmoins pour faire continuer la mémoire tant de leur dit feu oncle que d'eux, et que leur travail et entreprise ne soit imputée vaine et illusoire, joint le zèle et affection qu'ils ont au bien de notre service, ayant été dès leur jeunesse nourris au fait de la marine, et en suivant les mémoires de Cartier et instructions que leur a délaissés leur feu oncle leur ayant sur ces derniers jours recommandé l'exécution et continuation de son entreprise, ils auraient par plusieurs fois [fait] ledit voyage, même continuent à présent d'an en an y trafiquer avec lesdits sauvages, tant en peaux de buffles, buffetines, martres, zibelines et autres sortes de pelleteries et marchandises qui s'y trouveront, ayant depuis quelque temps amené avec eux audit lieu de Saint-Malo aucuns [quelques-uns] desdits sauvages, ceux-ci nourris près d'un an en toute douceur et amitié, et depuis ramené en leur pays au lieu de Canada pour d'autant plus faciliter leur trafic [et] amitié desdits sauvages, par le moyen desquels ils auraient depuis découvert certaines mines de cuivre au cap de Coujugon, audit pays, de quoi ils nous auraient apporté le monstre [preuve] après en avoir fait l'épreuve, ayant trouvé et reconnu quelques places et forteresses qui y auraient été commencées en divers lieux et endroits desdites terres par le commandement de notre feu sieur et aïeul, étant à présent en ruine faute d'avoir été habituées et entretenues, qui est une très grande perte et incommodité, pour être ledit beau pays, grand et fertile, rapportant arbres fruitiers, vignes et autres semences propres pour la nourriture de l'homme et très propre pour y faire commerce et trafic, outre le profit que lesdits mariniers pourraient rapporter avec le temps à notre royaume. Nous suppliant, attendu que dessus, leur faire fournir quelques deniers tant pour récompense de ladite somme due audit défunt leur oncle que des travaux et services dudit défunt, afin de retourner audit pays et terres de Canada, Coujugon et autres terres adjacentes pour y bâtir et construire sous notre aveu, autorité et obéissance quelques forteresses pour l'assurance et retraite de leurs personnes et vaisseaux en conservation desdits mineurs contre les incursions qui pourraient leur être faites par nos sujets et autres nations, ainsi qu'ils disent leur avoir été fait l'année passée, leur ayant été brûlé trois pataches et enlevé une autre par force, les ayant privés et fait perdre leur trafic dudit dernier voyage, comme ils entendent en informer ci-après, en temps et lieu, et la nécessité de nos affaires ne pourraient promettre ledit paiement, et celui de deux mille deux cents écus dus audit de la Jannaye pour ses gages à cause de son état de capitaine de la marine des douze années dernières et sans préjudicier de leur dû, récompense et reconnaissance des travaux dudit défunt Cartier, réservant la poursuite en temps plus propre, il nous plaît accorder à eux et leurs consorts tout le profit qui pourra provenir desdits minières et trafic desdites pelleteries pendant les douze années prochaines, avec le pouvoir et commission nécessaire pour ledit voyage et découvrement desdites terres de Canada, Coujugon et autres adjacentes, inhabitées et non tenues et possédées d'autres rois et princes que desdits sauvages, leur permettant de faire bâtir à leurs dépens selon leurs moyens aux lieux et places qu'il sera besoin pour leur refuge et sûreté en conservation de leurs vaisseaux et miniers et à leurs périls et fortunes, à la charge toutefois que ledit trafic soit de par nous interdit à tous nos autres sujets, de quelque qualité qu'ils soient, et à tous autres étrangers sur peine de confiscation de corps et biens pendant lesdites douze années prochaines venant, si ce n'est du gré desdits suppliants, et à l'effet de tout ce que dessus, qu'il nous plaise leur concéder la délivrance de soixante personnes tant hommes que femmes par chaque an de nos prisons, de ceux qui seront condamnés à mort ou autre punition corporelle, pour les mener audit pays de Canada finir leur vie, tant au travail desdites minières et défenses desdites places que peupler ledit pays comme il aurait été permis audit défunt Cartier par notre dit feu sieur et aïeul par sadite commission.

Nous ayant mis en considération ladite requête et celle-ci fait voir en notre conseil, [...] et voulant, comme il est très raisonnable, achever d'effectuer ladite découverte, puisqu'elle est commencée par nos sujets et sous notre dit aveu et autorité dont restent encore les marques et vestiges des bâtiments et forts qui y auraient été commencés, avons, de l'avis et délibération des gens de notre dit conseil d'état, accordé et octroyé, accordons et octroyons auxdits suppliants le même pouvoir qui avait été donné [à Jacques Cartier] par notre dit feu seigneur et aïeul [François Ier] et qui est contenu aux lettres de commission pour ce expédiées, et dont la copie est ci-attachée, laquelle nous voulons et entendons avoir lieu et sortir effet, sous les noms desdits suppliants, comme s'ils avaient été nommés et exprimés, et que tout fût ici par le même spécifié, et pour d'autant plus donner moyen auxdits suppliants de supporter les frais de ladite découverte, avons accordé qu'eux seuls et leurs facteurs et entremetteurs ayant pouvoir d'eux, ils puissent faire tout le trafic et commerce dudit pays de Canada, Coujugon et autres terres adjacentes pour en faire leur profit et en jouir, tant de ce qu'il proviendra desdites minières découvertes et à découvrir que du trafic desdites pelleteries et autres marchandises, à la charge d'en faire ressentir nos sujets, et ce pendant lesdites douze années prochaines venant tant du profit et émoluments qu'ils pourraient tirer dudit pays durant ledit temps, ils soient ni puissent être de par nous ni autres recherchés ni contraints à restitution ; et à cette fin leur en avons fait et faisons don, à la charge toutefois de payer les droits accoutumés imposés sur l'apport des semblables marchandises en notre royaume, si aucunes en sont payées et dues, et parce qu'il sera besoin d'hommes et femmes à faire la peuplace [peuplement] audit pays, voulons, conformément aux lettres patentes de notre dit feu Sieur et aïeul qu'il leur soit par nos cours de parlement, juges présidiaux et autres nos juges délivré jusqu'au nombre de soixante prisonniers par chacun an de ceux qui seront jugés et condamnés à mort ou autre peine corporelle de quelque état, qualité ou condition qu'ils trouveront leur être nécessaire, et afin qu'ils puissent avec toute sûreté travailler auxdites mines leur permettons dessous notre aveu et autorité faire bâtir et construire tels forts et bâtiments et magasins qu'ils aviseront être nécessaires à l'effet que dessus, et ce aussi pour refuge, garde et conservation de leurs vaisseaux et navires, aussi de leurs minières découvertes et à découvrir, et à cette fin faire lesdits suppliants ces prisonniers embarquer en un ou plusieurs vaisseaux, lesquels ils feront armer, victuailler et équiper de soldats et mariniers jusqu'à tel nombre qu'ils aviseront, ces soldats et prisonniers que l'on y mènera habituer [s'établir], tenir sujets et faire vivre en la crainte de Dieu, religion catholique, apostolique et romaine et suivre nos lois, statuts et ordonnances et en l'obéissance qui nous est due, ensemble de converser et traiter par toutes voies de douceur avec lesdits sauvages, ceux-ci attirer, tâcher instruire et réduire à la connaissance de Dieu et de sa foi chrétienne, les désobéissants et malfaiteurs qui s'y habitueront faire punir selon leurs démérites, et généralement de faire toutes les œuvres et ouvertures de conquêtes sous notre nom et autorité par toutes les voies dues et licites pour rendre ledit pays en notre obéissance [...]. Donné à Paris, le quatorzième jour de janvier, de l'an de grâce mille cinq cent quatre-vingt-huit et de notre règne le quatorzième. Ainsi signé : Par le Roi en son conseil, Brullart, et scellé.

(Reproduit d'après Alfred Ramé, *Documents inédits sur Jacques Cartier et le Canada*, Paris, Librairie Tross, 1865, p. 32-44.)

Remontrance des marchands de Saint-Malo (Session des États de Bretagne)

17 mars 1588

Sur la requête présentée en l'assemblée des États extraordinairement convoqués par autorité du Roi en sa ville de Nantes, par le procureur des bourgeois, manants et habitants de Saint-Malo, comme un appelé le capitaine Jannaye et Jacques Noël, sous prétexte de certaines prétendues lettres qu'ils disent avoir obtenues de Sa Majesté par lesquelles ils prétendent qu'il serait interdit et défendu à tous marchands de ce pays et autres de ne trafiquer ni faire aucun commerce, aller ni venir au pays de Canada durant le temps de douze ans, et qu'il n'y ait qu'eux qui aient le pouvoir et la puissance de ce faire pour, et en ce faisant, priver et ôter la négociation du commerce ordinaire qui est de tout temps permis à chacun audit pays comme aux autres nations étrangères, requérant ledit procureur de Saint-Malo, et autres procureurs des villes dudit pays qui ont fait la même supplication auxdits États y vouloir pourvoir.

Sur quoi a été, par les sieurs des États, résolu et arrêté que ceux qui ont été députés en la présente assemblée par devers le Roi représenteront à Sa Majesté l'importance que ce serait audit pays si ledit commerce n'était libre à un chacun audit pays de Canada pour le profit d'un particulier et le supplieront très humblement de révoquer la clause d'interdiction du trafic et commerce portée auxdites lettres obtenues par lesdits Jannaye et Noël, et à cet effet en obtiendront desdits députés toutes les provisions nécessaires au contraire, dont leur sera fait taxe et remboursement.

Fait en l'assemblée des États tenue aux Jacobins dudit Nantes, le dix-septième jour de mars mil cinq cent quatre-vingt-huit. Signé, F.G.P., abbé de Villeneuve.

(Reproduit d'après H. Michelant et A. Ramé, *Documents inédits sur Jacques Cartier et le Canada* (nouvelle série), Paris, Librairie Tross, 1867, p. 10-12.)

Révocation de la commission accordée à Jacques Noël et à Étienne Chaton de La Jannaye (9 juillet 1588)

Henry par la grâce de Dieu, Roi de France et de Pologne, à nos aimés et féodaux conseillers les gens tenants notre cour de Parlement de Bretagne, sénéchaux dudit pays, ou leurs lieutenants, prévôts, maîtres des ports, gardes et à tous nos autres justiciers et officiers qu'il appartiendra, salut. Nous avons fait voir en notre conseil le cahier des remontrances de nos bien-aimés les gens des trois États de notre pays et duché de Bretagne, à nous présenté par leurs députés, contenant entre autres choses que de tout temps le commerce et trafic a été libre à nos sujets dudit pays avec les Sauvages et autres, Terres-Neuves, pays de Canada, Coujugon et autres, tant de pelleteries, pêches qu'autres marchandises de quelque sorte que ce soit. Toutefois Étienne Chaton, sieur de La Jannaye, et Jacques Noël, habitants de Saint-Malo, sur leur donné à entendre d'avoir fait quelques découvertes dans lesdites îles, auraient obtenu de nous lettres patentes dès le 14e jour de janvier dernier, portant interdiction à tous autres de trafiquer auxdits lieux pendant le temps de douze ans, prétendant par ce moyen empêcher la liberté ancienne et accoutumée du commerce de ladite province en général, nous requérant très humblement révoquer lesdites lettres obtenues par lesdits Chaton et Noël et ordonner que, sans y avoir égard, il sera permis à nos sujets de trafiquer auxdites îles avec telle liberté qu'au passé. [...] Nous, à ces causes, de l'avis de notre Conseil, désirant gratifier lesdits États en ce qu'il nous sera possible et les conserver en leurs libertés anciennes, en considération du bon devoir dont ils ont usé à la conservation dudit pays en notre obéissance, inclinant à leur requête, nous avons révoqué et révoquons lesdites lettres d'interdiction obtenues par lesdits de la Jannaye et Noël, portant défenses à tous autres de trafiquer auxdits lieux durant le temps de douze ans, sans que les impétrants s'en puissent aider ni prévaloir en aucune manière au préjudice des habitants de la province, excepté et réservé toutefois pour le regard des minières dont ils ont fait la recherche et découverte, lesquelles interdictions et défenses nous avons levées et ôtées, levons et ôtons de notre pleine puissance et autorité royales, permis et permettons à tous nos sujets dudit pays de trafiquer auxdites îles avec telle liberté qu'ils en ont fait par le passé. [...] Donné à Rouen le neuvième jour de juillet de l'an de grâce mille cinq cent quatre-vingt-huit, et de notre règne le quinzième, Signé par le Roi en son conseil, Potier, et scellé de cire jaune à simple queue.

Collationné à l'original par moi notaire secrétaire du Roi,

BARDOUL

(Reproduit d'après Alfred Ramé, *Documents inédits sur Jacques Cartier et le Canada*, Paris, Librairie Tross, 1865, p. 48-51.)

APPENDICE IV

CONTESTATION DU MONOPOLE ACCORDÉ À CHAUVIN ET À SES ASSOCIÉS DE ROUEN

I

1600 [?]

C'est ce qu'il convient de faire entendre à Messeigneurs les députés de la province de Bretagne sur la commission obtenue par Pierre Chauvin habitant de Honfleur, pour l'interdiction du négoce qui se fait au pays de Canada, afin d'en représenter à Sa Majesté la conséquence, et le préjudice qui en adviendrait aux habitants de la province de Bretagne.

Premièrement.

Que la découverte dudit pays de Canada a été faite par le Capitaine Jacques Cartier habitant de Saint-Malo, pays de Bretagne, sous la volonté et permission du défunt Roi François Ier, et la plupart à ses frais et dépens, dont il n'a eu, ni ses hoirs [héritiers], le remboursement.

Que depuis lesdits habitants de Saint-Malo et autres dudit pays de Bretagne ont toujours continué cette navigation et négoce avec les Sauvages habitants dudit pays et fait en sorte que, par leur industrie, ils ont rendu lesdits Sauvages traitables, doux et familiers de telle façon que par la longue connaissance qu'ils ont de ceux avec lesquels ils fréquentent à chaque an par le moyen du commerce, il se peut faire quelque découverte au contentement de Sa Majesté et bien public, ce qui se peut espérer par le moyen d'un homme qui a été par lesdits de Saint-Malo relaissé avec lesdits Sauvages afin d'entrer avec eux dans le pays reconnaître leur habitation et ce qui se peut espérer à l'avenir de meilleur, pour en faire le fidèle rapport à Sa Majesté.

Est-il que les préparatifs de voyage de l'année présente sont déjà faits, les vaisseaux frétés et marchandises achetées, et que s'il était ainsi que Sa Majesté voulût interdire ledit négoce à ceux qui de temps immémorial sont accoutumés, ce serait leur apporter une très grande perte, laquelle n'apporterait aucun avancement au service de Sa Majesté; ainsi au lieu qu'il y a apparence d'avancement et un sûr accès audit pays de Canada, ce serait le reculer, et mettre lesdits Sauvages en défiance, étant faciles à y entrer et voyant gens avec lesquels ils n'ont accoutumé de négocier.

Il y a plus, c'est que ledit Chauvin ayant entendu qu'il n'y avait autre moyen plus facile pour faire seul ses affaires que d'obtenir de Sa Majesté lettres d'interdiction à tous autres de non négocier audit pays de Canada pour dix ans, il a obtenu lesdites lettres sous promesse qu'il a faite à Sa Majesté d'habituer [s'établir] le pays et bâtir forteresse, ce qu'il ne peut faire, la chose ayant été approuvée par ledit capitaine Cartier. Ainsi ledit Chauvin prétend être seul négociant audit pays, en frustrer ceux qui de tout temps y ont trafiqué, et qui espèrent en peu de temps en donner bonne et suffisante raison à Sa Majesté par le moyen de la connaissance et accès qu'ils ont audit pays.

En considération de quoi Sa Majesté sera très humblement suppliée de vouloir laisser lesdits habitants du pays de Bretagne jouir paisiblement de leur négoce accoutumé ou du moins jusqu'à ce qu'elle soit plus amplement informée de ce qu'il s'y peut espérer sans dénier le fruit de leur labeur à ceux qui n'y ont encore rien mis du leur.

JEAN GOUVERNEUR,
Député de la Communauté de Saint-Malo
pour le fait du présent mémoire.

(Reproduit d'après Alfred Ramé, *Documents inédits sur Jacques Cartier et le Canada*, Paris, Librairie Tross, 1865, p. 51-53.)

II

21 décembre 1602

Par monsieur le Procureur, a été démontré que monsieur le Doyen de cette ville, qui est à Paris député pour les affaires de cette communauté, lui a écrit que quelques particuliers de la ville de Rouen et de cette ville ont obtenu lettres du Roi portant interdiction à tous autres de ce royaume qu'à eux de trafiquer au Canada ; à cette cause, ledit sieur procureur a requis qu'il y soit délibéré ce que l'on jugera à propos.

Ce qu'ayant été mis en délibération, et après que les avis d'un chacun ont été pris, il a été conclu qu'il sera présenté requête à Sa Majesté, à ce qu'il lui plaise révoquer lesdites lettres des particuliers, et permettre le trafic libre de Canada à chacun à l'avenir, comme il a été au passé, dont ledit Procureur en écrira audit sieur Doyen pour en faire les diligences nécessaires et qui en écrira à messeigneurs le maréchal de Brissac et duc de Montbason, monseigneur le marquis de Couesquen, qui est allé à la cour, pour les supplier très humblement d'être intercesseurs auprès de Sa Majesté, à ce qu'il lui plaise révoquer ladite permission, et donner ledit trafic libre à tous ces sujets qui auront moyen de trafiquer et en pareil en sera écrit autres seigneurs qu'on connaîtra avoir du pouvoir d'y assister cette communauté, le tout au nom de ladite communauté, laquelle y fera tous les frais requis. [...]

(Reproduit d'après H. Michelant et A. Ramé, *Documents inédits sur Jacques Cartier et le Canada* (nouvelle série), Paris, Librairie Tross, 1867, p. 12-13.)

APPENDICE V

DOCUMENTS TOUCHANT LE *VOYAGE* DE 1603

TENTATIVE DE RAPPROCHER LES MARCHANDS IMPLIQUÉS DANS LA TRAITE

28 décembre 1602

De par le Roi,

Nos chers et bien-aimés, ayant depuis peu été particulièrement informés par plusieurs bons rapports et fidèles avis combien il est important pour le bien de notre service de faire promptement parachever et accomplir notre dessein de la découverte et habitation des terres et contrées de Canada, dont nous avons ci-devant donné et réitéré notre pouvoir et commission au capitaine Chauvin, après plusieurs expresses assemblées et convocations sur ces faits, suivant notre commandement et par notre cousin le sieur de Damville [Charles de Montmorency], amiral de France et de Bretagne, d'aucun [chacun] des principaux de notre conseil pour traiter et conférer des moyens d'en fortifier et diligenter les effets d'une si utile et louable entreprise, nous avons, suivant lesdites bonnes délibérations, jugé et résolu expédient et nécessaire de permettre aux habitants de notre ville de Rouen, sur leur supplication et requête, d'entrer et se joindre en ce parti, comme aussi avons tenu, pour ne vous frustrer de la traite ordinaire que de longtemps vous avez vers lesdits pays, connaissance qu'aucuns de vous n'y ont déjà des peuples, mœurs, côtes et demeures, pour un particulier désir que nous avons de vous gratifier en cela, à cette fin, avons ordonné au sieur de la Cour, premier président en notre Parlement de Normandie et au sieur vice-amiral de Chaste, se trouver dans la fin de ce mois de janvier en notre dite ville de Rouen et là, avec ceux que vous y enverrez convoquer aucun [chacun] des principaux marchands du lieu et des plus experts et entendus de ladite province, au fait de la navigation, pour tous ensemble conférer plus amplement des plus prompts et commodes expédients pour l'accomplissement d'un tant utile et louable dessein et pour l'assurance du profit, sûreté et contentement de tous nos bons sujets qui avec leur particulière commodité nous rendront ce digne et fidèle service ; partant, incontinent la présente reçue vous commettez et députez aucun d'entre vous qui puisse sans faute se trouver en notre dite ville de Rouen dans ledit temps avec bonnes et amples instructions et pouvoirs et toutes procurations nécessaires pour convenir, traiter et résoudre entièrement de cette affaire, afin que suivant les résolutions que vous en prendrez, lesquelles vous ferez tout incontinent savoir à notre dit cousin le sieur de Damville, nous en puissions être plus diligemment averti et rester assuré d'un prompt effet de notre intention, et aussi y apporter à temps ce qui se peut de force de nous, soit pour la diligence ou pour le pouvoir et autorité.

Nous avons aussi, par l'avis de notre dit cousin et gens de notre dit conseil par lui convoqué sur notre commandement, ordonné auxdits sieurs de la Cour et de Chaste, de terminer avec toute la facilité et équité qui sera possible les différends et demandes réciproques pour lesquelles vous êtes en procès en notre dit conseil avec ledit capitaine Chauvin, partant lesdits commissaires auront pareillement de vous tout pouvoir et commission pour appointer de cette affaire, afin qu'étant tous de tous points en bon accord et union, vous puissiez plus facilement exécuter une si belle entreprise au bien du général de notre service et du particulier de votre commodité, ce que nous nous promettons de votre ordinaire fidélité et dévotion. Donné à Paris le XXVIIIe jour de décembre 1602. Ainsi signé Henry et plus bas Potier.

INTERDICTION TEMPORAIRE DE TRAFIQUER SUR LE SAINT-LAURENT

De par le Roi,

Il est fait très expresses inhibitions et défenses à tous capitaines, maîtres, bourgeois, marchands et avictuailleurs de navires, pilotes, mariniers et autres sujets de sa Majesté habitant des villes maritimes, ports et havres des provinces de Normandie, Bretagne, Picardie, Guyenne, Biscaye, pays boulonnais, Calais et autres côtes de la mer océanne, d'équiper, fréter et mettre sus [lancer] aucuns vaisseaux ou barques de quelque port et grandeur qu'ils puissent être pour voiturer, mener et conduire en la rivière et côtes de Canada, et faire aucun trafic et commerce de quelque chose que ce soit, plus outre et plus haut en ladite rivière que l'endroit de Gaspé, soit d'un rivage ou d'autre, et ce, jusqu'à ce que par sadite Majesté en ait été autrement arrêté sur l'avis qui lui sera donné par le sieur de Damville [Charles de Montmorency], amiral de France, des traités qui seront faits et délibérations qui seront prises en l'assemblée et convocation par elle ordonnée, être faite en la ville de Rouen dans la fin du présent mois de janvier, sur l'exécution et accomplissement des desseins de sadite Majesté, en la découverte et population desdits pays et contrées de Canada, et ce, à peine de confiscation de tous deniers, denrées et navires et emprisonnement des contrevenants et de cinq cents livres d'amende, déclarant cette dite Majesté de bonne prise tous vaisseaux, sommes et marchandises qui seront pris et arrêtés en haute mer sur les convaincus de contravention à cette dite ordonnance, laquelle il enjoint et ordonne très expressément à tous juges, lieutenants et officiers faire en toute diligence publier, observer fidèlement, garder et entretenir. Donné à Paris le 2e jour de janvier 1603, ainsi signé Henry et plus bas Potier, et cacheté de cire rouge.

(Reproduit d'après H. Michelant et A. Ramé, *Documents inédits sur Jacques Cartier et le Canada* (nouvelle série), Paris, Librairie Tross, 1867, p. 17-18.)

Partage du monopole de la traite

Messieurs,

Le Roi désirant voir continuer et même renforcer les effets de la découverte et habitation de la province de

Canada, dont il avait donné toute la commission et charge au sieur capitaine Chauvin, et sachant qu'il ne pourrait seul suffire à tel dessein, Sa Majesté a proposé d'y admettre et recevoir pour plus prompt accomplissement des habitants et bourgeois de ses villes de Rouen et de la vôtre de Saint-Malo, et pour faire traité à cet effet, elle avait ordonné que les uns et les autres vous rendriez dans la fin de ce mois la part qu'elle serait, afin que là se puisse vous faire assembler et ouïr vos offres et propositions. Mais étant en doute où pourra alors être Sa Majesté pour l'incertitude des divers voyages qu'elle projette, j'ai pensé que pour votre soulagement et pour faciliter l'accomplissement de cette affaire, il sera plus expédient d'assembler à Rouen dans ledit temps, les habitants dudit lieu, les députés que vous y enverrez et ledit capitaine Chauvin où j'ai fait faire commandement par Sa Majesté à Monsieur le premier président de Rouen, et au sieur commandeur de Chaste, mon vice-amiral vous ouïr et entendre, tant sur vos offres que sur les sûretés que vous pouvez désirer et vous envoyer la lettre en laquelle Sadite Majesté vous donne avis de son intention et vous en fait le commandement.

Je vous prie donc de n'y faillir et me donner incontinent avis de ce que vous y aurez fait et délibéré ; elle veut que jusqu'à ce qu'elle en ait autrement ordonné, suivant le rapport que je lui ferai et avis que je lui donnerai de l'issue de votre assemblée et convocation qu'aucun vaisseau ne parte pour aller au Canada plus avant que Gaspé. Je vous en envoie les défenses et écris aux sieurs officiers de la justice de l'amirauté en votre ville, [de] les faire promptement publier et signifier afin que la volonté de Sa Majesté soit en cela sans faute suivie et soigneusement entretenue. À quoi je vous prie et recommande très instamment tenir la main, sur tant que vous avez pour cher et recommandé son contentement et bien de son service, et me donner incontinent avis de ce que vous aurez fait, afin que je puisse en tenir avertie sadite Majesté. Au surplus, voyez en quoi je puis quelque chose et pour assister en quelque chose de ce qui sera en mon pouvoir et votre général, et chacun de vous en particulier, vous assurant que vous ne trouverez jamais personne qui s'emploie avec plus d'affection et entière volonté en tout ce qui sera possible de vous servir que je le ferai. Sur cette assurance je prie Dieu, messieurs, vous avoir et maintenir tous en sa sainte protection et sauvegarde. À Paris ce IIIe jour de janvier 1603. Ainsi signé votre fidèle et très affectionné ami à vous servir, Charles de Montmorency.

(Reproduit d'après H. Michelant et A. Ramé, *Documents inédits sur Jacques Cartier et le Canada* (nouvelle série), Paris, Librairie Tross, 1867, p. 19-21.)

Remontrances des marchands de Saint-Malo

26 janvier 1603

Le procureur remontre qu'il a reçu un paquet de lettres du Roi touchant le trafic du Canada qu'il a apparues et d'icelles lecture en a été faite, après laquelle lecture les avis ayant été pris sur le contenu desdites lettres, a été conclu qu'elles seront insérées au présent registre, ce qui sera fait après l'expédition des conclusions de cette assemblée, où a été conclu que ledit sieur procureur écrira à Bertrand Lefer Lymonnay, député à la cour pour les affaires de cette cité, et lui enverra copie desdites lettres pour faire remontrance à Sa Majesté le peu d'importance que ledit trafic de Canada apporte au général de cette ville, laquelle n'entend y faire aucun frais ; délaissant la poursuite à être faite par les particuliers de ladite ville qui y trafiquent journalièrement, comme aussi qu'il sera écrit à monseigneur l'amiral et pour cet effet, ledit procureur commis.

(Reproduit d'après H. Michelant et A. Ramé, *Documents inédits sur Jacques Cartier et le Canada* (nouvelle série), Paris, Librairie Tross, 1867, p. 14-15.)

Commission pour le trafic du Canada

Henry par la grâce de Dieu Roi de France et de Navarre, à notre très cher cousin le sieur de Damville [Charles de Montmorency], amiral de France, ses lieutenants en l'amirauté, sénéchal de Saint-Malo ou son lieutenant et alloué de ladite ville et à chacun d'eux en droit soi, salut. Ayant fait voir en notre conseil la requête à nous présentée par nos bien-aimés bourgeois et habitants de ladite ville de Saint-Malo, à ce qu'il nous plût rendre libre en la présente année et à l'avenir le trafic de Canada, ci-devant découvert avec grande dépense par leurs prédécesseurs, nonobstant les permissions et défenses prétendues par les capitaines Prévert et Pont-gravé [Gravé du Pont], nous, de l'avis de notre conseil, et suivant l'arrêt aujourd'hui donné en celui-ci, dont l'extrait est ci-attaché sous le contresceau de notre chancellerie, avons pour bonne cause et considérations à ce nous mouvant, permis et permettons par ces présentes au capitaine Coulombier de Saint-Malo, nommé par lesdits habitants de Saint-Malo, d'armer un vaisseau en la présente année, pour, avec les deux navires desdits Prévert et Pontgravé [Gravé du Pont], conjointement ou séparément, selon que la commodité s'offrira, aller au trafic et découverte des terres de Canada et pays adjacents, à la charge de contribuer à la tierce partie des loyaux coûts et frais qui se feront en ladite découverte, faisant expresses inhibitions et défenses auxdits Prévert et Pontgravé et tous autres nos sujets de quelque qualité et condition qu'ils soient de l'y troubler, sur les peines qui y eschéent. Ainsi vous mandons et ordonnons que de notre présente permission et de tout le contenu en les présentes vous faites souffrir et laisser jouir lesdits habitants de Saint-Malo et ledit capitaine Coulombier pleinement et paisiblement, cessant et faisant cesser tous troubles et empêchements au contraire. Mandons au premier notre huissier ou sergent sur ce requis signifier notre dit arrêt et lesdites présentes auxdits Prévert, Pontgravé [Gravé du Pont] et à tous autres qu'il appartiendra, et leur faire de par nous les défenses y contenues, lui donnant pouvoir de ce faire sans pour cela demander permission, placet, visa, ni *pareatis*. Car tel est notre plaisir, nonobstant quelconques autres lettres, mandements et défenses à ce contraire. Donné à Paris le 13e jour de mars l'an de grâce 1603, et de notre règne le quatorzième. Ainsi signé : Par le Roi en son Conseil, Huillère, et scellé du grand sceau de cire jaune.

(Reproduit d'après H. Michelant et A. Ramé, *Documents inédits sur Jacques Cartier et le Canada* (nouvelle série), Paris, Librairie Tross, 1867, p. 24-25.)

Actes notariés relatifs au voyage de 1603

18 février 1603

Fut présent Pierre de Chauvin, sieur de la Pierre, demeurant à Honfleur, lequel a confessé que pour lui subvenir, saison présente, faire le voyage de Canada dans le navire duquel est capitaine François Gravé, sieur du Pont, celui du navire étant a présent en ce port, il lui avait été fourni et payé par François Andrieu la somme de 35 livres tournois, à profit, à 30 pour cent, ledit navire nommé la *Bonne-Renommée*.

24 février 1603

Jean Girot, capitaine du navire la *Françoise*, bourgeois et victuailleur pour trois-quarts au navire nommé la *Françoise*, de 100 tonneaux, a reçu 103 livres pour mettre ledit navire hors à la terre de Canada.

10 mars 1603

Jean Girot, capitaine de navire, a confessé qu'il lui a été fourni la somme de 150 livres, à 35 pour cent de profit, laquelle avait précédemment été mise sur le navire la *Bonne-Renommée*, dont est capitaine François Gravé, sieur du Pont, étant en ce port prêt à aller en trafic de marchandises en Canada et le retour à Rouen ou en ce lieu, lesquelles 150 livres sont verties au seul Girot.

12 mars 1603

Devant les tabellions, [...] fut présent Jean Girot, capitaine d'un navire nommé la *Françoise*, du port de cent tonneaux ou environ, bourgeois et victuailleur en celui-ci pour trois-quarts, lequel a confessé instance de Jacques Postel, marchand, ayant dudit Girot accepté un quart de victuailles dudit navire, avoir reçu des victuailles dudit Postel en tant qu'il en a convenu davantage entre celles déjà livrées [...] par ce que Girot a dit n'aller à la pêche des morues sur le banc de Terre-Neuve, ains [mais] en traite au pays de Canada suivant la permission du roi qu'il en a, et que le voyage sera de plus long séjour que celui du banc de Terre-Neuve à cause de quoi il a été besoin augmenter de victuailles. Et outre ledit Girot a reconnu que ledit Postel lui avait et a livré des marchandises pour ladite traite à la raison et équipollent audit quart des victuailles au moyen de quoi Girot a accordé à celui-là Postel qu'au retour dudit voyage qui sera fait, Dieu aidant, en ce lieu qu'il perçoit et ait à son profit particulier des marchandises et charge du navire au regard dudit quart des victuailles selon les us et coutumes de la mer.

(Reproduits d'après Charles et Paul Bréard, *La marine normande et ses armements aux XVI*[e] *et XVII*[e] *siècles pour le Canada, l'Afrique, les Antilles, le Brésil et les Indes*, Rouen, A. Lestringant, 1889, p. 99-101.)

ÉPILOGUE

Lettres de Champlain au roi et à la chambre du commerce (1618)

Au Roi et à nosseigneurs de son conseil

Sire,

Vous remontre très humblement le sieur de Champlain que, depuis seize ans, il aurait travaillé avec un soin laborieux tant aux découvertes de la Nouvelle-France que de divers peuples et nations qu'il a amenés à notre connaissance, qui n'avaient jamais été connus que par lui ; lesquels lui ont donné telle et si fidèle relation des mers du Nord et du Sud, que l'on n'en peut douter, qui serait le moyen de parvenir facilement au royaume de la Chine et Indes orientales, d'où l'on tirerait de grandes richesses ; outre le culte divin qui s'y pourrait planter, comme le peuvent témoigner nos religieux récollets, plus l'abondance des marchandises dudit pays de la Nouvelle-France, qui se tirerait annuellement par la diligence des ouvriers qui s'y transporteraient. Que si cedit pays était délaissé et l'habitation* abandonnée, faute d'y apporter le soin qui serait requis, les Anglais ou Flamands, envieux de notre bien, s'en empareraient en jouissant du fruit de nos labeurs, et empêchant par ce moyen plus de mille vaisseaux d'aller faire pêcherie de poissons sec, vert, et huiles de baleine, comme ils ont déjà fait au nord et [tant aux] habitations du sieur de Poutrincourt, que des jésuites qu'ils [ont] prises et brûlées, comme l'a fait voir ledit Champlain à messieurs de la chambre du commerce, qui se sont bien et dûment informés sur chaque point des articles ci-attachés. Et considérant le bien et utilité qui en peut revenir, tant à la gloire de Dieu que pour l'honneur de Sa Majesté et bien de ses sujets, elle aurait donné son avis pour le présenter à sadite Majesté et nosdits seigneurs de son conseil les moyens qu'elle doit donner pour une si sainte et glorieuse entreprise.

À ces causes, ledit Champlain supplie très humblement sadite Majesté et nosdits seigneurs de son conseil lui donner moyen de fortifier et augmenter son dessein. Et d'autant que ledit de Champlain, en cette présente année, fait le voyage de la Nouvelle-France, il supplie humblement sadite Majesté d'avoir pour agréable que le sieur baron de Roussillon, l'un des commissaires de ladite chambre du commerce, ayant le soin de vaquer aux choses nécessaires pour ladite entreprise et poursuivre l'accomplissement dudit avis de ladite chambre du commerce près de sadite Majesté et nosdits seigneurs de son conseil, pendant l'absence dudit de Champlain, lequel continuera à prier Dieu incessamment pour le bien et accroissement de votre dite Majesté. Signé

CHAMPLAIN

L'utilité que le sieur de Champlain dit et entend que le roi recevra de l'entreprise de la Nouvelle-France s'il plaît à Sa Majesté d'y entendre

Au Roi et à nosseigneurs de son conseil

PREMIÈREMENT. Sadite Majesté établira la foi chrétienne parmi un peuple infini d'âmes, lequel ne tient ni n'a aucune forme de religion quelle qu'elle soit, et néanmoins ne respire autre chose que la connaissance du culte divin et humain, selon qu'il est rapporté par la relation de tous ceux qui ont fait le voyage dans ladite Nouvelle-France.

SECONDEMENT. Le roi se rendra maître et seigneur d'une terre de près de dix-huit cents lieues de long, arrosée des plus beaux fleuves du monde et des plus grands lacs en plus grande quantité, et les plus fertiles et abondants en toutes sortes de poisson qui se peuvent trouver, comme aussi des plus grandes prairies, campagnes, forêts remplies la plupart de noyers, et coteaux très agréables où il se trouve grande quantité de vignes sauvages, lesquelles apportent le grain autant ou plus gros que les nôtres, toutes cultivées qu'elles sont.

TIERCEMENT. Le sieur de Champlain prétend trouver le passage de la mer du Sud pour aller à la Chine et aux Indes orientales par le moyen du fleuve Saint-Laurent, qui traverse les terres de ladite Nouvelle-France, et sort ce fleuve-ci d'un lac contenant* environ trois cents lieues, duquel lac sort un fleuve, lequel entre dans ladite mer du Sud, suivant la relation faite audit sieur de Champlain par quantité de peuples, ses amis audit pays ; lesquels il a visités et reconnus, ayant remonté ledit fleuve Saint-Laurent plus de quatre cents lieues dans ledit lac de trois cents, auquel voyage il a trouvé des villes fermées en quantité, enceintes et closes de bois, à la mode qu'elles sont pour le jourd'hui dans Moscovie, desquelles villes peut sortir deux mille hommes armés à leur mode, en quelque autre moins.

Que sadite Majesté retirerait un grand et notable profit des impôts et denrées qu'elle pourrait mettre sur les marchandises sortant dudit pays, suivant le mémoire donné, comme aussi de la douane des marchandises qui viendraient de la Chine et des Indes, laquelle surpasserait en prix dix fois [au] moins toutes celles qui se lèvent en France, d'autant qu'au passage prétendu par le sieur de Champlain, passeraient tous les marchands de la chrétienté, s'il plaît au roi leur octroyer ledit passage, pour ôter un raccourcissement dudit passage de plus d'un an et demi de temps, sans le danger des corsaires et de la fortune de la mer et du passage, par le grand tour qu'il convient de prendre maintenant, rapporte mille sortes d'incommodités aux marchands et aux voyageurs.

Ce que ledit sieur de Champlain dit d'abondant et entend de faire sous le bon vouloir de Sa Majesté, si elle a pour agréable de commencer et poursuivre ladite entreprise et de faire à Québec, lieu de l'habitation dudit Champlain, assise sur la rivière Saint-Laurent, en un détroit de cette rivière, qui peut contenir* environ neuf cents ou mille pas, une ville de la grandeur presque de celle de Saint-Denis, laquelle ville s'appellera, si plaît à Dieu et au roi, LUDOVICA, dans laquelle l'on fera faire un beau temple au milieu de celle-ci, dédié au Rédempteur, et nommé *le Rédempteur*, en signe et commémoration du bien qu'il plaira à Dieu de faire à ces pauvres peuples, lesquels n'ont aucune connaissance de son saint nom, de porter la volonté du roi à les faire venir à la connaissance de la sainte foi chrétienne et au giron de notre mère sainte Église.

Il sera fait un fort composé de cinq bastions, à côté de ladite ville, sur un certain lieu relevé des deux côtés, lequel commandera sur ladite ville et sur le détroit de ladite rivière; de l'autre côté de laquelle et vis-à-vis se fera un fort de même grandeur pour barrer entièrement le passage de ladite rivière, comme étant l'entrée et la porte dudit pays, sans laquelle on n'y peut aucunement entrer, étant depuis l'embouchure de ladite rivière jusque dans la mer, laquelle embouchure dans la mer peut contenir* environ trente lieues jusqu'audit Québec, qui est distant de ladite embouchure de quelque cent vingt lieues, le pays tout rempli à droite et à gauche de montagnes et rochers épouvantables et pays déserts, lesquels il n'y a [pas] moyen de traverser, ne s'y trouvant aucun port ni hâvre pour tirer les vaisseaux, sinon un nommé Tadoussac, auquel lieu se retirent les grands vaisseaux. Et là il sera fait un fort sur une pointe de celui-ci, fort avantageuse, auquel l'on mettra garnison, et laquelle garnison sera changée de six en six mois.

Ledit Tadoussac est au-dessous dudit Québec, environ trente-cinq lieues. Entre ledit Québec et Tadoussac, ni amis ni ennemis ne s'y peuvent loger.

Ce que ledit sieur de Champlain dit être nécessaire pour s'établir fermement dans ledit pays de la Nouvelle-France est: premièrement, afin que ce saint œuvre soit béni de Dieu, d'y mener d'abord quinze religieux récollets, lesquels seront logés en un cloître qui sera fait proche* de ladite église du Rédempteur; secondement, y mener trois cents familles, chacune composée de quatre personnes, savoir le mari et la femme, fils et fille, ou serviteur et servante, au-dessous de l'âge de vingt ans, savoir les enfants et serviteurs.

Et d'autant que tous les états qui subsistent sont appuyés politiquement sur quatre arcs-boutants, lesquels sont la force, la justice, la marchandise et le labourage, ayant parlé en premier lieu pour ce qui est de l'église, il est nécessaire d'y porter la force, laquelle sera de trois cents bons hommes bien armés et disciplinés, et lesquels néanmoins ne laisseront* de travailler à tour de rôle à ce qui sera nécessaire, n'étant besoin aux établissements de colonies d'y porter des personnes de quelque qualité que ce soit, qui ne sachent gagner la vie.

Et sera considéré que, si ladite habitation de Québec n'est maintenue et fortifiée de peuples pour habiter* les terres voisines et se fortifier à bon escient dans le pays, que les Anglais ou les Flamands, qui sont nos voisins, nous en chassent, comme ils ont déjà fait les jésuites et le sieur Poutrincourt, desquels ils ont pris et brûlé leur habitation.

Les Flamands sont logés en un lieu où ils ne permettent à personne d'aller, que ceux de leur nation, lequel lieu n'est pas beaucoup éloigné de nous. Les Anglais sont logés aux Virginies, auquel lieu ils ne permettent entrer aucun Français, comme aussi d'autre part du côté du nord, où lesdits Anglais se sont logés, ne permettant aucuns étrangers que de leur nation faire la pêche de la baleine ; que, s'ils se venaient à s'emparer du fleuve Saint-Laurent et de notre habitation*, ils empêcheraient du moins six cents ou sept cents vaisseaux français, qui vont tous les ans à la pêche des morues, à quoi il est besoin de pourvoir et d'y mettre ordre de bonne heure.

Et s'il plaît à Sa Majesté octroyer les deniers provenus des moyens ci-dessus, lesquels néanmoins ledit suppliant ne veut ni manier ni toucher, comme il a dit ci-dessus, pour l'espace de quinze années, l'on prévoiera à cet accident ; et le sieur de Champlain promet, ledit temps expiré, pourvu que desdits moyens il en puisse tirer assez pour fournir aux frais desdites familles et gens de guerre, sur le prix de son honneur et de sa vie, rendre la chose tellement établie à Sa Majesté qu'il n'y aura force humaine à redouter aux quatre villes bâties en remontant ledit fleuve Saint-Laurent, accompagnées de bourgs et villages, comme aussi tous les peuples dudit pays tributaires à Sa Majesté. Il faut faire état d'autant de familles et gens de guerre que dessus, le tout suivant et conformément à la supputation faite ci-dessus, et y faire porter à quantité de toutes sortes d'animaux domestiques que nous avons par deça, lesquels ne sont [pas] audit pays. Et [il] faut faire état de cet article de quinze mille livres pour chaque année, et pour trois seulement consécutives. Pour l'établissement des autres trois parties de l'état, savoir la justice, le commerce et le labourage, Sa Majesté sera très humblement suppliée députer quelques-uns de son conseil, pour établir et ordonner des lois fondamentales de l'État, par lesquelles toutes les chicaneries et procédures de ces quartiers seront retranchées et tous les différends terminés à la troisième tenue des causes et sans qu'il soit besoin de procureur ni d'avocat, et que la justice se fasse gratuitement.

Pour le fait des deux autres parties, il y sera mis ordre selon l'urgence des cas.

Sa Majesté sera très humblement suppliée par ledit sieur de Champlain, comme aussi nos seigneurs du conseil et messieurs de la chambre du commerce, que le sieur baron de Roussillon, l'un des commissaires de ladite chambre du commerce, soit nommé pour l'un des directeurs du maniement des deniers qui proviendront ou pourront provenir, tant par le moyen des avis dudit sieur de Champlain qu'autres deniers qu'il plaira à Sa Majesté faire délivrer pour le fait et expédition de ladite entreprise, sans toutefois toucher aux deniers et affaires de la présente association destinée pour subvenir aux familles qui leur convient envoyer audit lieu, ni aussi en ce qui concerne la charge dudit de Champlain; mais ledit sieur baron, comme intelligent des voyages, navigation et commerce, [devra] voir et juger au doigt et à l'œil de ce qui se fera et sera nécessaire en cette affaire, pour en faire son rapport à Sa Majesté, et à cette fin qu'il se transporte sur lesdits lieux.

Comme aussi la même supplication sera faite en faveur des marchands qui ont contribué pour maintenir et entretenir le fort de Québec, assis au détroit de la rivière de Saint-Laurent, que lesdits marchands soient préférés sur tous autres pour le fait du commerce dudit pays. Signé

CHAMPLAIN

[LETTRE À LA CHAMBRE DU COMMERCE]

Plaise à messieurs de la chambre du commerce.

Le sieur de Champlain supplie humblement être entendu sur quelques faits qu'il vous veut représenter pour l'honneur et gloire de Dieu, l'augmentation de cette couronne et l'établissement d'un grand commerce infaillible dans la Nouvelle-France, comme il est spécifié aux articles ci-dessous.

L'utilité qui viendrait en premier rang de la pêcherie des morues, qui se ferait annuellement par la demeure arrêtée des peuples qui serait audit pays de la Nouvelle-France, où l'on pourrait faire du sel en bon nombre, et se feraient deux sortes de pêcheries qui serait sec et vert, le sec pour l'Espagne et le détroit, et le vert pour la France ; et se tirerait, par la diligence des pêcheurs, plus d'un million de livres par chaque an.

Plus la pêcherie des saumons, qui sont en telle quantité dans les ports et rivières que l'on en pourrait tirer par an 100,000 livres.

Plus la pêcherie de l'esturgeon marine, comme aussi des truites marines, qui est en telle quantité en la plupart des lieux qu'il s'en débiterait en Allemagne, où dans les lieux que ce poisson est fort requis, par an 100,000 livres.

Plus la pêcherie des anguilles, sardines, harengs et autres poissons y est en telle abondance que l'on en ferait, par an 100,000 livres.

Plus des huiles de baleines, dont le pays abonde, l'on en peut faire audit pays, par an, pour 200,000 livres.

Plus l'on peut avoir des barbes desdites baleines et dents de vache marine, qui sont meilleures que le morfil, la livre valant vingt sols, et quantité de loups-marins ; et s'en ferait par an, pour 500,000 livres.

Plus des bois, qui sont de hauteur émerveillable, se ferait nombre de bons vaisseaux que l'on pourrait charger des marchandises ci-dessus et autres, comme il sera dit ci-après. Desdits bois il se ferait mâts de navires de plusieurs grandeurs, poutres, solives, planches de plusieurs sortes, comme chênes, ormeaux, hêtres, noyers, plaines, érables, bouleaux, cèdres, cyprès, châtaigniers, pruches, pins, sapins et autres bois, il se ferait merrains, bois de fentes pour fenêtrage et lambris et pour autres ameublements, dont la plupart desdits bois sont propres ; et il s'en ferait, par an, pour 400,000 livres.

Plus il se retirerait nombre de gomme, dont l'odeur tire à l'encens.

Plus des bois qui seraient inutiles se feraient des cendres ; et en tirerait-on, par an pour 400,000 livres.

Des pins et sapins se tirerait brai, goudron, résine, par an, pour 100,000 livres.

Quant à la nature de la terre, il est certain qu'elle rend à leurs culteurs des blés, maïs, fèves, pois, racines dont la teinture de la racine fait une couleur pareille à la cochenille ; et si ladite racine était cultivée, il s'en tirerait, par an, pour 400,000 livres.

Plus l'on pourrait tirer un notable profit du chanvre, que la même terre rapporte sans cultiver, qui en bonté et nature ne doit rien à la nôtre ; et en tirerait-on, par an, pour 300,000 livres.

Après ces choses, on met en considération le fruit qui se tirera de plusieurs sortes de mines, comme argent, acier, fer qui rend 45 pour cent, du plomb qui rend 30 pour cent, du cuivre 18 pour cent, et ce que la demeure arrêtée sur les lieux pourra découvrir d'autres minéraux ou autres choses qui ne sont encore venus à notre connaissance ; et se pourrait tirer desdites mines, par an, plus d'un 1,000,000 livres.

Plus se ferait des toiles, comme olonnes, dudit chanvre dudit pays ; et il se ferait câbles, cordages, agrès pour toutes sortes de vaisseaux, pour plus de 400,000 livres.

Plus le trafic et commerce des pelleteries n'est pas à rejeter, tant des martres, castors, renards, loups-cerviers et autres fourrures, avec peaux de cerfs, élans, buffles, qui sont choses que dès à présent on en peut tirer plus de 400,000 livres.

Plus l'on peut tirer dudit pays marbre, jaspe, albâtre, porphyre et autres espèces de pierres qui sont de valeur ; et il peut s'en faire un notable profit.

Les vignes sont en quantité audit pays, que la terre rapporte d'elle-même ; que si elles étaient cultivées, elles rendraient de grandes utilités, comme des blés et autres choses, que la demeure arrêtée pourra apporter par la diligence des habitants dudit pays.

Après toutes ces choses, on peut espérer à l'avenir la même abondance du bétail que nous voyons arriver au Pérou, depuis que les Espagnols y en ont porté, lequel aujourd'hui y abonde en telle sorte que presque il n'y a plus de maître ; et par le récit des Espagnols, il se retire des cuirs plus d'un million d'or par an. Car la terre de la

Nouvelle-France est tellement arrosée de toutes parts, que la fertilité des prairies y est présente pour la nourriture, multiplication dudit bétail, quand l'on l'y aura porté.

Outre toutes ces choses, l'on peut espérer trouver un chemin raccourci pour aller à la Chine par le moyen du fleuve Saint-Laurent ; et cela étant, comme il est certain que l'on y parviendra, moyennant la grâce de Dieu, sans beaucoup de difficultés ; et dedans six mois le voyage se pourrait faire, d'où l'on peut tirer un notable profit, tel que le tirent les Portugais et autres nations qui vont aux Indes. Car le sieur de Champlain a travaillé à cette recherche depuis seize ans ; mais le peu d'assistance qu'il a eue, ne lui a pu permettre de parvenir à la fin de son entreprise, comme il fera étant assisté et fera connaître la facilité de son entreprise.

[CHAMPLAIN]

(Transcrit sur le manuscrit non autographe conservé à la Bibliothèque Inguibertine de Carpentras, n° 1777, fol. 378r-378v, 384r-387v, 382r-383v.)

GLOSSAIRE

Pour la confection de ce glossaire, nous avons utilisé surtout les dictionnaires de Richelet (1680), de Furetière (1690) et de l'Académie française (1694).

accourcissement : *diminution*
amener : *abaisser les voiles*
apparent : *probable, vraisemblable*
arranger : *ranger*
assécher : *s'assécher*
aucuns : *quelques*
avouer : *accepter, admettre*
banc : *surélévation locale du fond marin qui gêne la navigation*
bande : *le côté nord ou sud par rapport à la ligne équinoxiale*
basse : *fond rocheux peu profond que l'eau ne découvre pas à marée basse*
battures : *partie du rivage asséchant à marée basse*
bouille ou boulle : *bouleau*
brasse : *mesure de profondeur valant environ 1,60 m*
cabaner : *installer des cabanes en guise de campement*
Canadien : *Amérindien*
certain (au) : *en vérité*
chaudière : *récipient en métal pour faire cuire les aliments*

commander : *dominer*
comme : *à peu près*
compagnie (avoir) : *avoir des rapports sexuels*
conformer (se) : *s'accorder, être d'accord*
contenir : *mesurer*
créance : *croyance, foi*
déchet : *perte de temps, diminution*
découvrir : *être laissé à découvert par la mer se retirant*
deviser : *dire*
différer de : *distinguer, évaluer différemment*
entre : *chez, parmi*
entreruer (s') : *se frapper l'un l'autre*
esquif : *petite embarcation à rames*
être : *aller*
être à : *habiter*
figurer : *représenter par la peinture, le dessin*
franc : *pur, sans déchet*
habiter : *établir une colonie*
habitation : *petite colonie qui s'établit dans des lieux inhabités*
joindre : *atteindre, toucher*
laisser de (ne pas) : *ne pas cesser de*
lieue : *ancienne mesure itinéraire valant plus ou moins 4 km*
manière : *sorte*
matachias : *peinture sur la peau, tatouage ; cordes ou fils de couleurs vives tressés ou décorés de grains de bois ou de verroterie*
nager : *ramer, voguer*
nature : *parties sexuelles*
occasion : *cause, circonstance*
ouïr : *entendre*
partement : *départ*
particulièrement : *en détail*

pas : *environ 80 cm*
passer : *préparer, apprêter*
patenôtre : *grains de chapelet, collier ou autre parure corporelle*
pétun : *tabac*
pétuner : *fumer*
pétunoir : *pipe*
pible : *peuplier*
pilotoua : s*orcier, guérisseur*
pipe : *futaille pour le vin ; celles de Paris contenait un muid et demi, soit environ 390 litres*
pour : *par, en raison de, à cause de, parce que*
premier que : *avant que*
premièrement : *pour la première fois, auparavant*
principal : *important*
procéder : *venir, provenir*
proche : *près*
que : *excepté*
ranger : *longer, naviguer près des côtes*
rapport : *rendement*
réciter : *raconter, rapporter*
réduire : *obliger, amener à*
regarder : *être situé en face de*
remontrer : *exposer à quelqu'un, expliquer, démontrer*
renfermé : *enfermé, entouré*
rondelle : *bouclier*
sagamo : *chef*
saturnien : *mélancolique, taciturne*
saut : *chute, rapides*
semblable (faire le) : *faire de même*
sembler : *ressembler*
tabagie : *festin*
tenir : *penser, juger ; mesurer*
tête : *cheveux*

tirer à : *aller vers*
tout (de) : *tout à fait, entièrement*
travers : *à l'opposé, de côté*
user de : *utiliser, pratiquer, recourir à*
variser : *louvoyer*

BIBLIOGRAPHIE

ŒUVRES DE CHAMPLAIN

Des Sauvages, ou Voyage de Samuel Champlain, de Brouage, fait en la France nouvelle, l'an mille six cents trois: contenant les mœurs, façon de vivre, mariages, guerres et habitations des Sauvages de Canada. De la découverte de quatre cents cinquante lieues dans le pays des Sauvages. Quels peuples y habitent, des animaux qui s'y trouvent, des rivières, lacs, îles et terres, et quels arbres et fruits elles produisent. De la côte d'Arcadie, des terres que l'on y a découvertes et de plusieurs mines qui y sont, selon le rapport des Sauvages, Paris, Claude de Monstr'œil, 1603. Réimpression en fac-similé, avec une introduction de Marcel Trudel (p. 1-13), Montréal, 1978.

Les voyages du Sieur de Champlain, saintongeais, capitaine ordinaire pour le roi en la marine, Paris, Jean Bergeon, 1613, 331-52 p. Réimpression en fac-similé: New York, Readex Microprint, 1966.

Voyages et découvertes faites en la Nouvelle-France, depuis l'année 1615 jusqu'à l'année 1618, Paris, Claude Collet, 1619, [20]-158 p.

Les voyages de la Nouvelle-France occidentale, dite Canada […] depuis l'an 1603 jusqu'en l'an 1629, Paris, Claude Collet, 1632, 2 vol. Autres éditions en 1632, chez Pierre Le Mur et chez Louis Sevestre.

Œuvres de Champlain, publiées sous le patronage de l'Université Laval par l'abbé Ch.-H. Laverdière,

Québec, Geo-E. Desbarats, 1870, 6 vol. Réimpression en fac-similé : Montréal, Éditions du Jour, 1973, 3 vol.

Narrative of a Voyage to the West Indies and Mexico in the Years 1599-1602, trad. par A. Wilmere, Londres, The Hakluyt Society, 1858, xcix-48 p.

Voyages of Samuel de Champlain, trad. par C. P. Otis, Boston, The Prince Society, 3 vol., 1878-1882.

The Voyages and Explorations of Samuel de Champlain 1604-1616, narrated by himself, trad. par A. Nettleton Bourne, New York, Allerton Book, 1906, 2 vol.; Toronto, The Courier Press, 1911 ; New York, Allerton Book, 1922.

Voyages of Samuel de Champlain 1604-1618, éd. par W. L. Grant, New York, Charles Scribner's Sons, 1907, xi-377 p.

The Works of Samuel de Champlain, éd. sous la direction de H. P. Biggar, Toronto, The Champlain Society, 1922-1936, 6 vol. Réimpression en fac-similé : Toronto et Buffalo, University of Toronto Press, 1971.

Les voyages de Samuel de Champlain, saintongeais, père du Canada, introduction, choix de textes et notes par H. Deschamps, Paris, Presses Universitaires de France, 1951, 368 p.

Champlain, textes choisis par M. Trudel, Montréal, Fides, coll. « Classiques canadiens », 1956, 94 p.

La France d'Amérique : voyages de Samuel Champlain, 1604-1629 [éd. de 1632], présentation de Jean Glénisson, Paris, Imprimerie Nationale, 1994, 364 p.

Études sur Champlain et la Nouvelle-France

ARMSTRONG, Joe C. W., *Samuel de Champlain*, Montréal, Les Éditions de l'Homme, 1988, 393 p.

AXTELL, James, « At the Water's Edge : Trading in the Sixteenth Century », dans *After Columbus. Essays in the Ethnohistory of Colonial North America*, New York, Oxford University Press, 1988, p. 144-181.

BARKHAM, Selma, « The Basques : Filling a Gap in our History between Jacques Cartier and Champlain », *Canadian Geographical Journal*, vol. XCVI, nº 1, 1978, p. 8-20.

—, « A Note on the Strait of Belle Isle during the Period of Basque Contact with Indians and Inuit », *Études Inuit/Inuit Studies*, vol. IV, nºs 1-2, 1980, p. 51-58.

BÉRENGER, Jean, Yves DURAND et Jean MEYER, *Pionniers et colons en Amérique du Nord*, Paris, Armand Colin, 1974, 343 p.

BIDEAUX, Michel, « *Des Sauvages* : une singularité narrative », *Études françaises*, automne 1986, vol. XXII, nº 2, p. 35-45.

—, « L'Indien de Champlain : objet ethnologique ou sujet de colonisation ? », dans Gilles THÉRIEN (dir.), *Les figures de l'Indien*, Montréal, Typo, 1995, p. 98-109.

BIGGAR, Henry P., *The Early Trading Companies of New France*, New York, Argonaut Press, 1965 [1901], p. 18-50.

BILODEAU, Rosario, *Champlain*, Montréal, HMH, 1961, 203 p.

BISHOP, Morris, *Champlain. The Life of Fortitude*, New York, Alfred A. Knopf, 1948, 364-VII p.

BRUCHÉSI, Jean, « Champlain a-t-il menti ? », *Les cahiers des Dix*, nº 15, 1950, p. 39-53.

CAMPEAU, Lucien, « Les jésuites ont-ils retouché les écrits de Champlain ? », *RHAF*, vol. V, nº 3, 1951, p. 340-361.

—, « Le dernier voyage de Champlain, 1633 », *Mémoires de la Société royale du Canada*, 1972, section I, p. 81-101.

—, « Le testament de Champlain », *Les cahiers des Dix*, n° 42, 1979, p. 49-60.

CARTIER, Jacques, *Relations*, édition critique par Michel Bideaux, Montréal, Presses de l'Université de Montréal, « Bibliothèque du Nouveau Monde », 1986, 500 p.

CASGRAIN, Henri-Raymond, *Champlain, sa vie et son caractère*, Québec, Imprimerie de L.-J. Demers & frère, 1898, 60 p.

CODIGNOLA, Luca, « Le prétendu voyage de Samuel de Champlain aux Indes occidentales, 1599-1601 », dans Madeleine FRÉDÉRIC et Serge JAUMAIN (dir.), *La Relation de voyage : un document historique et littéraire*, Bruxelles, Presses de l'Université libre de Bruxelles, 1999, p. 61-80.

CONSTANTIN-WEYER, Maurice, *Champlain*, Paris, Librairie Plon, 1931, IX-240 p.

DE BONNAULT, Claude, « Encore le *Brief Discours* : Champlain a-t-il été à Blavet en 1598 ? », *Bulletin de recherches historiques*, vol. XII, n° 2, 1958, p. 208-216.

DELAFOSSE, Marcel, « L'Oncle de Champlain », *RHAF*, vol XII, n° 2, 1958, p. 59-69.

DELÂGE, Denys, *Le pays renversé. Amérindiens et Européens en Amérique du nord-est, 1600-1664*, Montréal, Boréal Express, 1985, 424 p.

DIONNE, Narcisse-Eutrope, *Samuel Champlain, fondateur de Québec et père de la Nouvelle-France. Histoire de sa vie et de ses voyages*, Québec, Imprimerie Augustin Côté & Cie, 1891-1906, 2 vol.

DROUIN, François et Jean-Marie LEBEL, « Le roman-feuilleton du tombeau de Champlain », *Cap-aux-Diamants*, vol. IV, n° 3, 1988, p. 45-48.

GAGNON, Philiéas, « Notes bibliographiques sur les écrits de Champlain, manuscrits et imprimés », *Bul-*

letin de la Société de géographie de Québec, 1908, p. 55-77.

GIRARD, Camil et Édith GAGNÉ, « Première alliance interculturelle : rencontre entre Montagnais et Français à Tadoussac en 1603 », *Recherches amérindiennes au Québec*, vol XXV, n° 3, 1995, p. 3-14.

GOSSELIN, Auguste, « Le vrai monument de Champlain : ses Œuvres éditées par Laverdière », *Mémoires de la Société royale du Canada*, 1908, section I, p. 3-24.

GRAVIER, Gabriel, *Vie de Samuel de Champlain, fondateur de la Nouvelle-France (1567-1635)*, Paris, Librairie orientale et américaine, 1900, 373 p.

GROULX, Lionel, « *L'œuvre de Champlain* », *RHAF*, vol. XII, n° 1, juin 1958, p. 108-116.

HEIDEINREICH, Conrad E., « An Analysis of Champlain's Maps in Terms of his Estimates of Distance, Latitude and Longitude », *Écrits de voyage relatifs à la Nouvelle-France*, Éditions de l'Université d'Ottawa, 1978, p. 12-45.

JANNINI, P. Aniel, « La ricezione dei voyages di Champlain nelle storiografia letteraria », *Scritti sulla Nouvelle-France nel seicento*, dans *Quaderni del seicento francese*, n° 6, Bari, Adriatica, Paris, Nizet, 1984, p. 27-39.

JENNINGS, Francis, *The Ambiguous Iroquois Empire*, New York, Norton, 1984, XXVI-438 p.

JULIEN, Charles A., *Les voyages de découverte et les premiers établissements, XVe-XVIe siècles*, Brionne, Gérard Monfort, 1979, 533 p.

LAHONTAN, *Œuvres complètes*, édition critique par Réal Ouellet et Alain Beaulieu, Montréal, Presses de l'Université de Montréal, coll. « Bibliothèque du Nouveau Monde », 1990, 2 vol., 1474 p.

LAVERDIÈRE, Charles-Honoré, *Samuel de Champlain*, Québec, Imprimerie Augustin Côté & Cie, 1877, 195 p.

LE BLANT, Robert, «Le testament de Samuel de Champlain», *RHAF*, vol. XVII, nº 2, septembre 1963, p. 269-286.

LE BLANT, Robert et René BAUDRY, *Nouveaux documents sur Champlain et son époque. Volume I (1560-1622)*, Ottawa, Archives publiques du Canada, 1967, lxiv-492 p.

LEMIRE, Maurice, «Champlain: entre l'objectivité et la subjectivité», *Scritti sulla Nouvelle-France nel seicento*, dans *Quaderni del seicento francese*, nº 6, Bari, Adriatica, Paris, Nizet, 1984, p. 41-57.

LESCARBOT, Marc, *Histoire de la Nouvelle-France*, Paris, Jean Milot, 1609, 888 p. Rééditions en 1611, 1612, 1617 et 1618.

LESTRINGANT, Frank, «Champlain, Lescarbot et la "conférence" des histoires», *Scritti sulla Nouvelle-France nel seicento*, dans *Quaderni del seicento francese*, nº 6, Bari, Adriatica, Paris, Nizet, 1984, p. 69-88.

MARTIN, Gérard, «Bibliographie sommaire des écrits sur Samuel de Champlain», *Bulletin de recherches historiques*, 1959, p. 51-62.

MATHIEU, Jacques, *La Nouvelle-France. Les Français en Amérique du Nord, XVIe-XVIIIe siècles*, Québec et Paris, Presses de l'Université Laval et Éditions Belin, 1991, 254 p.

MOREAU, Jean-François, «Objets amérindiens et européens au Saguenay–Lac-Saint-Jean. La portée des transferts culturels en forêt boréale», dans Michel FORTIN (dir.), *L'archéologie et la rencontre de deux mondes*, Québec, Musée de la civilisation, 1992, p. 103-131.

—, «Indices archéologiques de transferts culturels par la voie du Québec central», dans Laurier TURGEON, Denys DELÂGE et Réal OUELLET (dir.), *Transferts culturels et métissages. Amérique/ Europe, XVIe-XXe siècles,* Québec et Paris, Presses de l'Université Laval et L'Harmattan, 1996, p. 209-242.

MORISSON, Samuel E., *Samuel de Champlain, Father of New France*, Boston, Little, Brown & Co., 1972, xix-299 p.

MORISSONNEAU, Christian, *Le langage géographique de Cartier et de Champlain*, Québec, Presses de l'Université Laval, 1978, 230 p.

NOVELLI, Novella, «Discours de Champlain pour un établissement permanent», *Scritti sulla Nouvelle-France nel seicento*, dans *Quaderni del seicento francese*, n° 6, Bari, Adriatica, Paris, Nizet, 1984, p. 59-67.

Relations des Jésuites, voir THWAITES.

ROUSSEAU, Jacques, «Samuel de Champlain, botaniste mexicain et antillais», *Les cahiers des Dix*, n° 16, 1951, p. 39-61.

SAGARD, *Le grand voyage du pays des Hurons*, édition par Réal Ouellet et Jack Warwick, Montréal, Leméac, coll. «BQ», 1990, 384 p.

THWAITES, Reuben G. (dir.), *The Jesuit Relations and Allied Documents. Travels and Explorations of the Jesuit Missionaries in New France, 1610-1791*, Cleveland, Burrows, 1896-1901, 73 vol. [réimpression en fac-similé: New York, Pageant Book, 1959, 36 vol.].

TRIGGER, Bruce G., «Champlain judged by his Indian Policy: a Different View of early Canadian History», *Anthropologica*, vol. XIII, n°s 1-2, 1971, p. 85-114.

—, *Les Indiens, la fourrure et les Blancs. Français et Amérindiens en Amérique du Nord*, Montréal et Paris, Boréal et Seuil, 1990, 543 p.

—, *Les enfants d'Aataentsic. Histoire du peuple huron*, Montréal, Libre Expression, 1991, XXII-972 p.

TRUDEL, Marcel, *Histoire de la Nouvelle-France, I: Les vaines tentatives 1524-1603*, Montréal, Fides, 1963, XX-307 p.; *II: Le comptoir 1604-1627*, 1966, XLIX-554 p.

—, «Champlain, Samuel de», *Dictionnaire biographique du Canada*, Québec, Presses de l'Université Laval, t. I, 1966, p. 192-204.

TURGEON, Laurier, « Basque-Amerindian Trade in the Saint Lawrence during the Sixteenth Century : New Documents, New Perspectives », *Man in the Northeast*, n° 40, 1990, p. 81-87.

—, « Pour redécouvrir notre XVIe siècle : les pêches à Terre-Neuve d'après les archives notariales de Bordeaux », *RHAF*, vol. XXXIX, n° 4, printemps 1986, p. 523-549.

—, « L'île aux Basques : microcosme de notre histoire », dans Raymond RIOUX (dir.), *L'Île aux Basques*, Québec, Société Provancher d'histoire naturelle du Canada, 1997, p. 130-161.

—, « French Fishers, Fur Traders, and Amerindians during the Sixteenth Century : History and Archaeology », *William and Mary Quarterly*, vol. 55, n° 4, 1998, p. 585-610.

VACHON, André, « Deux mémoires de Champlain (1618) », *La revue de l'Université Laval*, juin 1958, p. 889-895.

VIGNERAS, L.-A., « Le voyage de Samuel de Champlain aux Indes Occidentales », *RHAF*, vol. XI, n° 2, 1957, p. 163-200.

—, « Encore le capitaine Provençal ? », *RHAF*, vol. XIII, n° 4, 1960, p. 544-549.

INDEX THÉMATIQUE ET ONOMASTIQUE

LISTE DES ILLUSTRATIONS

TABLE

Cet ouvrage composé en Times corps 10
a été achevé d'imprimer
en janvier deux mille deux
sur les presses de Transcontinental
Division Imprimerie Gagné
à Louiseville
pour le compte des
Éditions Typo.

Imprimé au Québec (Canada)